PONS

Grammatik kurz & bündig
JAPANISCH

von
Kayo Funatsu-Böhler

PONS GmbH
Stuttgart

PONS
Grammatik kurz & bündig
JAPANISCH

von
Kayo Funatsu-Böhler

Die Inhalte sind identisch mit ISBN 978-3-12-561331-7.

Auflage A1 6 5 4 3 / 2016 2015 2014 2013

PONS Produktinfos und Shop: www.pons.de
PONS Online-Wörterbuch: www.pons.eu
E-Mail: info@pons.de

Redaktion: Christiane Yamakoshi
Logoentwurf: Erwin Poell, Heidelberg
Logoüberarbeitung: Sabine Redlin, Ludwigsburg
Titelfoto: Vlado Golub, Stuttgart
Illustrationen: Udo Böhler
Einbandgestaltung: Tanja Haller, Petra Hazer, Stuttgart
Layout: Ulrike Eisenbraun, Metzingen
Satz: Satz & mehr, Besigheim
Druck und Bindung: Print Consult GmbH, München

Printed in the EU.
ISBN: 978-3-12-561632-5

Inhalt

1 Schrift und Aussprache 7
Hiragana 7
Katakana 7
Kanji 9
Lesung 10
Radikal 10
Aussprache 11
Entvokalisierung 12
Silbenlänge 12
Partikeln 14
Besonderheiten bei ji und zu 14

2 Das Zahlwort 15
Die Grundzahlen 15
Das sino-japanische Grundzahlensystem 15
Das japanische Grundzahlensystem 17
Die Ordnungszahlen 18
Die Ordnungszahlen mit dem japanischen System 18
Die Ordnungszahlen mit dem sino-japanischen System 18
Bezeichnung für Jahrhunderte, Päpste und Könige 19
Die Telefonnummer 19
Uhrzeit und Tageszeit 19
Das Datum 21
Zeitdauer und -relation 23
Mathematik auf Japanisch! 24
Maße und Gewichte 25
Das Zähleinheitswort Josūshi 26

3 Das Nomen und die Partikeln 29
Das Nomen 29
Die Partikeln 29
Die Kasuspartikeln für die vier Fälle 29
Die Themapartikel wa 32
Andere Partikeln 34
Die Formalnomina 37
Die Substantivierung des Verbs, des Adjektivs und des Satzes 38

4 Das Pronomen 39
Das Demonstrativ 39
Demonstrativwörter in der gegenwärtigen Situation 39
Demonstrativwörter im Kontext 41
Das Personalpronomen 42
Das Possessivpronomen 43

5 Ortsangaben 44
Die Positionswörter 44
ni oder de 45
Die Himmelsrichtungen 45

6 Das Adjektiv und das Adverb 46
Das Adjektiv 46
i-Adjektiv und na-Adjektiv 46
Flexion der Adjektive 49
Verbindung mehrerer Adjektive 50
Substantivierung der Adjektive 51

Das Adverb 51
Der Komparativ und der Superlativ 53
Giongo und Gitaigo (Laut- und Zustandsmalerei) 54

7 Das Interrogativ 56
Fragesatzstrukturen 56
Die indirekte Frage 58
Die Indefinitpronomen 58
Der verneinte Fragesatz 59

8 Das Verb 60
Verbkategorien 60
Regelmäßige Verben 60
Unregelmäßige Verben 61
Bildung und Funktion der Verbformen 61
Nai-Form 62
Masu-Form 63
Grundform 63
Ba-Form 64
Befehlsform 64
Willensform 64
Te-Form 65
Funktion 65
Bildung 67
Ta-Form 68
Die Kopula *sein* 69
Transitive und intransitive Verben 70
Tempus und Aspekt 72
Tempus 72
Aspekt 74
Zusammengesetzte Verben 75
Verbkombinationen 75

9 Der Satz 77
Die Satzteile 77
Grundsätze 79
Satzverbindungen 81
Der Relativsatz 81
Die indirekte Rede 83
Sätze mit Formalnomina 84

10 Verbsuffixe 85
Das Passiv 85
Der Wunsch (*möchten*) 89
Das Kausativ 90
Der Potentialis (*können*) 91
Der Optativ (*Bitte*) 94
Der Imperativ (*Befehl*) 95
Aufforderung und Einladung 96
Die Erlaubnis (*dürfen*) 96
Das Verbot (*nicht dürfen*) 97
Die Pflicht (*müssen* und *nicht müssen*) 98
Das Präsumtiv (*Vermutung*) 99
Meinung und Vorhaben 100
Das Hörensagen 101
Der Konditional 101

11 Die Konjunktion — **105**
Konjunktionen für Satzerweiterung — 105
Kopulative Satzerweiterung — 105
Kausale Satzerweiterung — 106
Temporale Satzerweiterung — 107
Konjunktionen für Satzverknüpfung — 109
12 Der Höflichkeitsausdruck — **111**
Redestil — 111
Anrede — 112
Verwandtschaftsbezeichnungen — 113
Verschiedene Höflichkeitsausdrücke — 115
Verben des Respekts und der Bescheidenheit — 117
13 Geben und Bekommen — **120**
Geben und Bekommen — 120
Geben und Bekommen einer Tat — 123
14 Flexionstabelle von Verben und Adjektiven — **125**
Stichwortregister — **127**

So benutzen Sie dieses Buch:

Die **PONS Grammatik Japanisch, kurz & bündig** bietet Ihnen eine **übersichtliche Darstellung** der aktuellen japanischen Sprache. Die Regeln werden anhand **zahlreicher Beispielsätze** mit deutschen Übersetzungen veranschaulicht.

Bei der Arbeit mit diesem Buch helfen Ihnen die folgenden Symbole:

Hier wird auf eine **Regel** oder eine **Besonderheit** hingewiesen, die man nicht übersehen sollte.

Kleine **Tipps** verraten Ihnen an dieser Stelle, wie Sie sich die Regeln besser merken können.

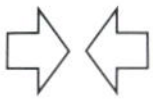

Hier werden Unterschiede zwischen dem Deutschen und dem Japanischen aufgezeigt, die Sie besonders beachten sollten.

▶ Hier wird auf ein anderes Grammatikkapitel verwiesen, z.B. ▶ Kapitel Partikel.

Viel Spaß und Erfolg!

1 Schrift und Aussprache

Im Japanischen gibt es 2 Silbenalphabete: **Hiragana** und **Katakana**. Die Silbenschriftzeichen nennt man **Kana**. Die japanische Schrift beruht neben den Silbenalphabeten auf chinesischen Schriftzeichen, den so genannten **Kanji**. ▶ S. 9

Normalerweise werden diese drei Schriftarten, je nach Bedarf, in einem Satz verwendet. Man kann auch Texte nur in den Silbenschriften verfassen. Dies findet man jedoch nur in Kinderbüchern oder bei Texten für Schreibanfänger.

Rōmaji ist eine Umschrift der japanischen Schriftzeichen ins lateinische Alphabet. Es gibt verschiedene **Rōmaji**-Stile. In diesem Buch wird die Hepburn Umschrift „Hebon-shiki" verwendet.

Hiragana ひらがな

Hiragana besteht aus 46 Schriftzeichen und ist aus der chinesischen Schrift abgeleitet worden. Die im 9. Jahrhundert entwickelte Schrift wurde ursprünglich vorwiegend von japanischen Hofdamen verwendet und deshalb auch als „Frauenschrift" bezeichnet. Im modernen Japanisch wird Hiragana vorwiegend für Flexionsendungen sowie für Wörter, die nicht als Kanji dargestellt werden können, benutzt.

Die Silbenschriftzeichen bestehen immer aus einem Vokal oder einem Konsonanten in Verbindung mit einem Vokal. Es gibt eine Ausnahme, das Schriftzeichen ん, n.

Die Hiragana Tabelle (▶ S. 7) bestimmt, ähnlich dem lateinischen Alphabet, gewöhnlich die Zeichenfolge, nach der zum Beispiel Wörter im Wörterbuch oder etwa Namenslisten geordnet sind.

Katakana カタカナ

Parallel zu Hiragana gibt es 46 Schriftzeichen in **Katakana**. Sie wurde etwas später als die Hiragana von Mönchen als Kurzschrift für buddhistische Texte entwickelt. Heute wird Katakana vorwiegend für Fremdwörter, etwa Anglizismen, wissenschaftliche Begriffe und ausländische Namen benutzt. Geräusche und Schreie (z.B. in Mangas – japanischen Komikheften) werden auch oft in Katakana wiedergegeben.

Um möglichst genau die Aussprache anderer Sprachen zu treffen, gibt es neue Katakana-Kombinationen, die nicht in der klassischen Katakana-Tabelle aufgelistet werden. ▶ S. 9

Auch die Katakana sind aus Teilen der Kanji abgeleitet worden. Wer die Katakana beherrscht, hat sich schon ein Stück weit dem Kanji angenähert.

Abgebildet in diesem Buch ist die tabellarische Standarddarstellung des Hiragana und Katakana-Alphabets. Es ist am sinnvollsten, die Alphabete in dieser Reihenfolge zu lernen.

Hiragana-Tabelle

Hier finden Sie eine Übersicht der Hiragana Schriftzeichen. Diese Tabelle ist eingeteilt in klare und gebrochene Laute.

ちょくおん
直音 (**chokuon**) klare Laute

ようおん
拗音 (**yōon**) gebrochene Laute

あ a	い i	う u	え e	お o			
か ka	き ki	く ku	け ke	こ ko	きゃ kya	きゅ kyu	きょ kyo
さ sa	し shi	す su	せ se	そ so	しゃ sha	しゅ shu	しょ sho
た ta	ち chi	つ tsu	て te	と to	ちゃ cha	ちゅ chu	ちょ cho
な na	に ni	ぬ nu	ね ne	の no	にゃ nya	にゅ nyu	にょ nyo
は ha	ひ hi	ふ fu	へ he	ほ ho	ひゃ hya	ひゅ hyu	ひょ hyo
ま ma	み mi	む mu	め me	も mo	みゃ mya	みゅ myu	みょ myo
や ya		ゆ yu		よ yo			
ら ra	り ri	る ru	れ re	ろ ro	りゃ rya	りゅ ryu	りょ ryo
わ wa	ん n			を o			

Durch zwei kurze Schrägstriche bzw. durch einen kleinen Kreis in der rechten, oberen Ecke des betreffenden Zeichens können zusätzliche Silben gebildet werden.

だくおん
濁音(**dakuon**) stimmhafte Laute

ようおん
拗音(**yōon**) gebrochene Laute

が ga	ぎ gi	ぐ gu	げ ge	ご go	ぎゃ gya	ぎゅ gyu	ぎょ gyo
ざ za	じ ji	ず zu	ぜ ze	ぞ zo	じゃ ja	じゅ ju	じょ jo
だ da	ぢ ji	づ zu	で de	ど do			
ば ba	び bi	ぶ bu	べ be	ぼ bo	びゃ bya	びゅ byu	びょ byo
ぱ pa	ぴ pi	ぷ pu	ぺ pe	ぽ po	ぴゃ pya	ぴゅ pyu	ぴょ pyo

Katakana-Tabelle

ちょくおん
直音(**chokuon**) klare Laute

ようおん
拗音 (**yōon**) gebrochene Laute

ア a	イ i	ウ u	エ e	オ o			
カ ka	キ ki	ク ku	ケ ke	コ ko	キャ kya	キュ kyu	キョ kyo
サ sa	シ shi	ス su	セ se	ソ so	シャ sha	シュ shu	ショ sho
タ ta	チ chi	ツ tsu	テ te	ト to	チャ cha	チュ chu	チョ cho
ナ na	ニ ni	ヌ nu	ネ ne	ノ no	ニャ nya	ニュ nyu	ニョ nyo
ハ ha	ヒ hi	フ fu	ヘ he	ホ ho	ヒャ hya	ヒュ hyu	ヒョ hyo
マ ma	ミ mi	ム mu	メ me	モ mo	ミャ mya	ミュ myu	ミョ myo
ヤ ya		ユ yu		ヨ yo			
ラ ra	リ ri	ル ru	レ re	ロ ro	リャ rya	リュ ryu	リョ ryo
ワ wa	ン n			ヲ o			

Durch zwei kurze Schrägstriche bzw. durch einen kleinen Kreis in der rechten, oberen Ecke des betreffenden Zeichens können zusätzliche Silben gebildet werden.

だくおん
濁音(**dakuon**) stimmhafte Laute

ようおん
拗音(**yōon**) gebrochene Laute

ガ ga	ギ gi	グ gu	ゲ ge	ゴ go	ギャ gya	ギュ gyu	ギョ gyo
ザ za	ジ ji	ズ zu	ゼ ze	ゾ zo	ジャ ja	ジュ ju	ジョ jo
ダ da	ヂ ji	ヅ zu	デ de	ド do			
バ ba	ビ bi	ブ bu	ベ be	ボ bo	ビャ bya	ビュ byu	ビョ byo
パ pa	ピ pi	プ pu	ペ pe	ポ po	ピャ pya	ピュ pyu	ピョ pyo

Neue zusätzliche Laute

Hier eine kurze Übersicht der neuen Katakana-Kombinationen, um die Aussprache von Fremdwörtern genauer wiedergeben zu können.

	a	i	u	e	o	Beispielworte
ch				チェ che		チェリー *cherry* (engl. für Kirsche)
d		ディ di	デュ dyu ドゥdu			デュッセルドルフ *Düsseldorf*
f	ファ fa	フィ fi	フュ fyu	フェ fe	フォ fo	フュッセン *Füssen*
gw	グァ gwa					グァテマラ *Guatemala*
j				ジェ je		ジェニー *Jenny*
kw	クァ kwa	クィ kwi		クェ kwe	クォ kwo	クォーター (wie das engl: *Quarter*)
sh				シェ she		シェフ *Chef*
t		ティ ti	テュ tyu トゥ tu			パーティー *Party*
ts	ツァ tsa	ツィ tsi		ツェ tse	ツォ tso	モーツァルト *Mozart*
v	ヴァ va	ヴィ vi	ヴ vu ヴュvyu	ヴェ ve	ヴォ vo	ヴィーナス *Venus* (wie auf Engl.)
w		ウィ wi		ウェ we	ウォ wo	ウィーン *Wien*
y				イェ ye		イェルサレム *Jerusalem*
z		ズィ zi				ズィー *Sie*

Kanji

Die japanische Schrift beruht neben den Silbenalphabeten auf chinesischen Schriftzeichen, den so genannten Kanji. Bereits vor 4000 Jahren in China entwickelt, wurden die Kanji um 500 n. Chr. nach Japan überliefert. Kanji sind wie Bilder; jedes Kanji hat eine oder mehrere Bedeutungen und in Kombination ergeben sich unzählige Wörter. 1981 legte die japanische Regierung rund

2000 Kanji fest, die im Alltagsleben am häufigsten benutzt werden und an die sich auch die Massenmedien halten. Für das Verständnis wissenschaftlicher und literarischer Texte sind jedoch zusätzliche Kanji-Kenntnisse erforderlich.

Nicht alle Kanji wurden aus dem Chinesischen übernommen, die so genannten **kokuji** 国字 (こくじ) sind original japanische Schriftzeichen. Sie wurden erfunden, um Begriffe, die es im Chinesischen nicht gab, schreiben zu können. Heute verwendet man für neue Begriffe das Katakana, oder neue Kombinationen bestehender Zeichen.

Lesung

Den schwierigsten Bereich im Japanischen stellt die korrekte Lesung der Kanji dar, da ein Kanji oft mehrere Lesungen hat und je nach Fall unterschiedlich gelesen werden kann. Es werden zwei grundlegende Lesungen unterschieden: on´yomi 音読み (おんよ), die sino-japanische und kun´yomi 訓読み (くんよ), die japanische Lesung.

Ob ein Kanji mehrere Lesungen hat, hängt davon ab, in welcher geschichtlichen Periode diese Lesung übernommen wurde und aus welchem Teil Chinas das Wort stammt. Hat ein Kanji mehrere kun´yomi, so hat das Zeichen mehrere Bedeutungen. Die verschiedenen Lesungen lernt man nach und nach und bei seltenen Kanji kommen sogar die Japaner ins Grübeln.

Radikal

Kanji können nach ihrem Radikal, ihrer Strichzahl oder ihrer Lesung geordnet werden. Ein Radikal ist der begriffsbestimmende Teil eines Kanji. Insgesamt gibt es 214 solcher Bausteine.

Beispiel:

休 Dieses Schriftzeichen heißt *Pause* und wird mit 6 Strichen (画数 (かくすう)) geschrieben. Es besteht aus zwei Teilen:

Linker Teil: *Mensch* (Radikal **ninben**)   Rechter Teil: *Baum*

Die sino-japanische Lesung (on´yomi) lautet: kyū.
Kombiniert mit dem Schriftzeichen 日 für *Tag* wird daraus:

休日 (きゅうじつ) kyūjitsu   *Ferien, freie Tage*

Die japanische Lesung (kun´yomi) lautet: yasu
Mit einem Hiragana -mu oder -mi wird daraus ein Verb bzw. Nomen:

休む (やす) yasumu   *Pause machen, ausruhen*
休み (やす) yasumi   *Ruhepause*

Mit Hilfe der Bedeutung der Radikale kann man manchmal eine gute Eselsbrücke bauen:

Ein Mensch von einem Baum geschützt (im Schatten), macht eine Pause.

Schreibweise

Im Japanischen gibt es weder Groß- noch Kleinschreibung. Alle Zeichen bis auf yōon werden gleich groß und im gleichen Abstand voneinander geschrieben. Alle Zeichen stehen ausgewogen in einem imaginären Quadrat zueinander.

Es gibt zwei Schreibrichtungen. Waagerecht **(yokogaki)** 横書き (よこ が) schreibt man wie im Deutschen von links nach rechts. Wählt man die traditionelle, senkrechte Schreibrichtung **(tategaki)** 縦書き (たて が), beginnt man **rechts** oben auf der Seite. In diesem Stil geschriebene japanische Bücher beginnen für unsere Begriffe „von hinten".

! Achtung bei senkrechter Schreibrichtung steht auch das Längungszeichen senkrecht.

Beispiel in Katakana: soccer (aus dem Englischen) *Fußball*

よこ が
横書き

サ ッ カ ー

たて が
縦書き

サ
ッ
カ
|

Die Aussprache 発音 (はつ おん)

Die Aussprache der Hiragana und Katakana entspricht meist der Schreibweise in Rōmaji. Es gibt jedoch folgende Ausnahmen:

ja-Laute	sind stimmhaft (wie das englische Wort „**j**eans")
sa-Laute	sind stimmlos (wie das englische Wort „**sa**turday")
za-Laute	sind stimmhaft wie **Sa**ft
chi	wird ausgesprochen wie **Chi**li
ya-Laute	das **y** wird wie **j** ausgesprochen, also: **ja, ju, jo** (wie „yo yo")
ra-Laute	sind Laute zwischen **r** und **l** Die Artikulation ist fast wie „l", aber die Zunge schlägt ein Mal kurz den Gaumen hinter den Schneidezähnen.

Entvokalisierung

Die Vokale „i“ und „u“ haben die Tendenz, sehr schwach ausgesprochen zu werden, wenn sie nach oder zwischen f, h, k, p, s, t (stimmlosen Konsonanten) stehen.

Beispiele: **hito** *(Mensch)*, **kusuri** *(Arznei)*

Am Satzende wird z.B. „desu“ wie „deß“ ausgesprochen und „-mashita“ wie „-mashta“.

Silbenlänge

Generell werden alle Hiragana bzw. Katakana gleich lang ausgesprochen, d.h. ein Hiragana/Katakana-Zeichen entspricht einer Silbenlänge, genannt **Mora**.

い	**i**	= 1 Mora	*Magen*
かぎ	**kagi**	= 2 Moren	*Schlüssel*
さかな	**sakana**	= 3 Moren	*Fisch*

Achtung: Der Buchstabe **n** (ん, ン) wird mit einer eigenen Mora ausgesprochen

ほ ん	**hon**	= 2 Moren (im Deutschen 1 Silbe)	*Buch*

Das kleine tsu (っ, ッ) hat eine Mora, sie wird aber nicht ausgesprochen. Man macht stattdessen eine kleine Pause vor dem Doppelkonsonanten.

コ ッ プ	**koppu**	= 3 Moren	*Glas (zum Trinken)*

Die Silbenzeichen ya, yu, yo (やヤ, ゆユ, よヨ) für „gebrochene“ Laute bei den Hiragana- bzw. Katakanakombinationen liest man nicht mit einer eigenen Mora.

chi + ya =	cha	ちゃ	= 1 Mora
ki + yu =	kyu	きゅ	= 1 Mora
shi + yo =	sho	しょ	= 1 Mora

Langvokale

Langvokale werden in Rōmaji mit einem Querstrich über dem Vokal gekennzeichnet. Ein Langvokal entspricht zwei Moren.

In Katakana schreibt man zur Verlängerung einen Strich „ー".

コート	kōto	= 3 Moren	*Mantel*

Bei **Hiragana** werden Langvokale durch Verdopplung oder „u" gekennzeichnet:

- A-Silben Verdopplung

おかあさん	okāsan	= 5 Moren (auf Dt. 3 Silben)	*Mutter*

- I-Silben Verdopplung

おにいさん	onīsan	= 5 Moren	*älterer Bruder*

- U-Silben Verdopplung

くうき	kūki	= 3 Moren	*Luft*

- E-Silben Verdopplung oder i

おねえさん	onēsan	= 5 Moren	*ältere Schwester*
とけい	tokei (gesprochen wie: tokē)	= 3 Moren	*Uhr*

- O-Silben Verdopplung durch u う

おとうさん	otōsan	= 5 Moren	*Vater*

Bei wenigen Ausnahmen wird ein お o angehängt:

おおい	ōi	*viel(e)*
おおきい	ōki	*groß*
とおい	tōi	*weit weg*
とおり	tōri	*Weg, Straße*
とお	tō	*zehn*

Partikeln 助詞(じょし) (を, は, へ)

Das Hiraganazeichen を wird nur als Partikel verwendet und **o** ausgesprochen (▶ siehe Kap.3).

! Bei folgenden Hiragana ändert sich die Aussprache, wenn sie als Partikeln benutzt werden:

は wird als Partikel nicht **ha**,sondern **wa** ausgesprochen.
へ wird als Partikel nicht **he**, sondern **e** ausgesprochen.

Beispiele:

Konnichi wa.	こんにちは。	*Guten Tag.*
Kono hikōki wa minami e tobu.	この飛行機(ひこうき)は南(みなみ)へ飛(と)ぶ。	*Dieses Flugzeug fliegt nach Süden.*

Besonderheiten bei „ji" und „zu"

Es gibt für die stimmhaften Laute „ji" und „zu" in Hiragana jeweils zwei Schreibweisen:

し ▶ じ shi ji	す ▶ ず su zu
ち ▶ ぢ chi ji	つ ▶ づ tsu zu

In der Regel werden じ und ず verwendet. Es gibt jedoch zwei Ausnahmen:

1. Wenn die Hiraganazeichen „chi" ち oder „tsu" つ in einem Wort doppelt hintereinander stehen, bekommt das zweite Zeichen zwei kleine Striche und wird stimmhaft (**dakuon**): „ji" ぢ, „zu" づ .

chi**ji**mu	ちぢむ (nicht: ちじむ)	*einlaufen, eingehen*
tsu**zu**ku	つづく (nicht: つずく)	*fortdauern*

2. Wenn zwei Wörter kombiniert werden und der erste Laut des zweiten Wortes zu einem stimmhaften Laut (**dakuon**) wird.

hana + chi	はな + ち	*Nase + Blut*
hana**ji**	はなぢ (nicht はなじ)	*Nasenbluten*

2 Das Zahlwort

数詞 (すうし)

Die Grundzahlen 基数 (きすう)

Bei den japanischen Grundzahlen gibt es zwei Systeme, das sino-japanische und das japanische Grundzahlensystem. Während das japanische System mit seinen Zahlen von eins bis zehn zum Zählen im Alltag gebraucht wird, beispielsweise beim Einkaufen, nimmt man für alle höheren Zahlen sowie die Uhrzeit, Monate, Jahre und zum Rechnen das sino-japanische System. Auch in Verbindung mit den so genannten Zähleinheitswörtern, einer Besonderheit der japanischen Sprache, werden bis auf wenige Ausnahmen die sino-japanischen Zahlen benutzt. Die Zähleinheitswörter werden beim Zählen von Gegenständen benötigt.

▶ Zähleinheitswörter

Das sino-japanische Grundzahlensystem

1	ichi	いち 一	11	jūichi	じゅういち 十一	30	sanjū	さんじゅう 三十
2	ni	に 二	12	jūni	じゅうに 十二	40	yonjū	よんじゅう 四十
3	san	さん 三	13	jūsan	じゅうさん 十三	50	gojū	ごじゅう 五十
4	yon/ shi	よん 四	14	jūyon	じゅうよん 十四	60	rokujū	ろくじゅう 六十
5	go	ご 五	15	jūgo	じゅうご 十五	70	nanajū	ななじゅう 七十
6	roku	ろく 六	16	jūroku	じゅうろく 十六	80	hachijū	はちじゅう 八十
7	nana/ shichi	なな 七	17	jūnana	じゅうなな 十七	90	kyūjū	きゅうじゅう 九十
8	hachi	はち 八	18	jūhachi	じゅうはち 十八	100	hyaku	ひゃく 百
9	kyū/ku	きゅう 九	19	jūkyū	じゅうきゅう 十九	101	hyakuichi	ひゃくいち 百一
10	jū	じゅう 十	20	nijū	にじゅう 二十	111	hyakujūichi	ひゃくじゅういち 百十一

Das sino-japanische Grundzahlensystem ist sehr logisch aufgebaut, denn mit 16 Zeichen (von null bis zehn, hundert, tausend, zehntausend, hundert Millionen und eine Billion) kann man sämtliche Zahlen darstellen.

Wie Sie in der Tabelle sehen, bilden die Zahlen von eins bis zehn eine Einheit. Diese Einheit werden Sie in den Zahlen ab 11 wiederfinden:

10 = jū und 1 = ichi ergibt 11 = jūichi. Die Ziffern eins bis neun hinter der zehn, hundert, tausend usw. werden also hinzuaddiert.

Die Zahl 20 setzt sich aus zwei und zehn zusammen: 2 = ni und 10 = jū; die Zahl 20 wird 2 x 10 ausgedruckt: nijū. Hier wird also multipliziert.

Für die Zahl *null* gibt es im Japanischen zwei Wörter: ゼロ **zero** oder 零（れい） **rei**. Man braucht sie nur für Telefonnummern und den Dezimalbereich (0,3 usw.).

Die Zahlen 100 bis 9.000

100	hyaku	百（ひゃく）	1.000	sen	千（せん）
200	nihyaku	二百（にひゃく）	2.000	nisen	二千（に せん）
300	sanbyaku	三百（さんびゃく）	3.000	sanzen	三千（さんぜん）
400	yonhyaku	四百（よんひゃく）	4.000	yonsen	四千（よんせん）
500	gohyaku	五百（ごひゃく）	5.000	gosen	五千（ご せん）
600	roppyaku	六百（ろっぴゃく）	6.000	rokusen	六千（ろくせん）
700	nanahyaku	七百（ななひゃく）	7.000	nanasen	七千（ななせん）
800	happyaku	八百（はっぴゃく）	8.000	hassen	八千（はっせん）
900	kyūhyaku	九百（きゅうひゃく）	9.000	kyūsen	九千（きゅうせん）

Unregelmäßige Lesungen sind in den Tabellen unterstrichen.

Die Zahlen 10.000 bis 1.000.000.000.000

10.000	**ichiman**	一万（いちまん）	***zehntausend***
100.000	jūman	十万（じゅうまん）	*hunderttausend*
1.000.000	hyakuman	百万（ひゃくまん）	*eine Million*
10.000.000	senman	千万（せんまん）	*zehn Millionen*
100.000.000	**ichioku**	一億（いちおく）	***hundert Millionen***
1.000.000.000	jūoku	十億（じゅうおく）	*eine Milliarde*
10.000.000.000	hyakuoku	百億（ひゃくおく）	*zehn Milliarden*

100.000.000.000	senoku	せんおく 千億	*hundert Milliarden*
1.000.000.000.000	itchō	いっちょう 一兆	*eine Billion*

Bei vielstelligen Zahlen muss man umrechnen, da es im Japanischen noch zwei weitere Einheiten gibt und man im Gegensatz zum Deutschen nicht in 1.000er Einheiten, sondern auch in 10.000-er Einheiten trennt.

10.000	**1 man**	ichiman	一万
100.000.000	**1 oku**	ichioku	一億

Die Zahl 987.654.321 wird also folgendermaßen gelesen:

Deutsch	Neun**hundert**siebenundachtzig **Millionen** Sechs**hundert**vierundfünfzig **Tausend** Drei**hundert**einundzwanzig
Japanisch	Neun **Oku** Acht**tausend**sieben**hundert**fünfundsechzig **Man** Vier**tausend**drei**hundert**einundzwanzig

9 | 8 7 6 5 | 4 3 2 1

Auf Japanisch heißt die Zahl:

Kyū **<u>oku</u>** hassen nanahyaku rokujū go **<u>man</u>** yonsen sanbyaku nijū ichi

きゅうおくはっせん なな ひゃくろくじゅう ご まん よん せん さん びゃく に じゅういち
九 億 八 千 七 百 六 十 五 万 四 千 三 百 二 十 一

Das japanische Grundzahlensystem

Das japanische Grundzahlensystem hat nur Zahlen **von eins bis zehn**. Es wird im Alltag zum Zählen von Gegenständen im Bereich des Sprechers, für die Angabe der Kalendertage und beispielsweise bei Bestellungen im Restaurant verwendet.

1	hitotsu	ひと 一つ	6	muttsu	むっ 六つ
2	futatsu	ふた 二つ	7	nanatsu	なな 七つ
3	mittsu	みっ 三つ	8	yattsu	やっ 八つ
4	yottsu	よっ 四つ	9	kokonotsu	ここの 九つ
5	itsutsu	いつ 五つ	10	tō	とお 十

Zur japanischen Zählweise lautet das Fragewort:

いくつ ikutsu *wie viele*

Die Ordnungszahlen 順序数 (じゅんじょすう)

Analog zu den beiden Systemen für die Grundzahlen bildet man die Ordnungszahlen auch nach dem sino-japanischen oder japanischen Grundzahlensystem.

Die Ordnungszahlen mit dem japanischen System

Die Bildung der Ordnungszahlen ist ganz regelmäßig: man fügt ein -**me** - 目 (め) an die japanische Grundzahl:

一つ目 (ひと め)	hitotsu**me**	der/die/das Erste
二つ目 (ふた め)	futatsu**me**	der/die/das Zweite
九つ目 (ここの め)	kokonotsu**me**	der/die/das Neunte

Achtung: Obwohl es die japanischen Grundzahlen von eins bis **zehn** gibt, enden die Ordnungszahlen hier bereits mit **neun** und für der/die/das Zehnte nimmt man schon die sino-japanische Ordnungszahl. Danach geht es nur noch mit dem sino-japanischen System weiter.

右から三つ目のパンを下さい。	Migi kara **mittsume** no pan o kudasai.	*Das **dritte** Brot von rechts, bitte.*
すみません、いくつ目ですか。	Sumimasen, **ikutsume** desu ka.	*Entschuldigen Sie, das **Wievielte** möchten Sie?*

Die Ordnungszahlen mit dem sino-japanischen System

Durch das Anfügen von -**banme** 番目 (ばんめ) wird aus der sino-japanischen Zahl eine Ordnungszahl. Das Zeichen **-ban** 番 hat die Bedeutung von *Nummer*.

一番目 (ばんめ)	ichi**banme**	der/die/das Erste
二番目 (ばんめ)	ni**banme**	der/die/das Zweite
~ 百番目 (ばん め)	hyaku**banme**	der/die/das Hundertste

昨日の競争は何番目でしたか。	Kinō no kyōsō wa **nanbanme** deshita ka.	*Der **Wievielte** warst du bei dem Rennen gestern?*
一番目でした。	**Ichibanme** deshita.	***Der Erste.***

Bezeichnung für Jahrhunderte, Päpste und Könige

Jahrhunderte, Päpste und Könige werden auf Japanisch nicht mit Ordnungszahlen bezeichnet, sondern mit folgenden Zähleinheitswörtern.

Jahrhundert	-世紀 **-seiki**	にじゅういっせいき 二十一世紀 nijūis**seiki**	*das 21. Jahrhundert*
Päpste und Könige	-世 **-sei**	じゅうろくせい ベネディクト十六世 benedikuto jūroku**sei**	*Benedikt XVI*

Die sino-japanischen Zahlwörter werden den oben genannten Zähleinheitswörtern vorangestellt und es kommt zu unregelmäßigen Lesungen wie bei dem Zähleinheitswort **-satsu.** Sie sind am Ende des Kapitels beschrieben (siehe Tabelle **-satsu** 冊).

でんわばんごう
Die Telefonnummer 電話番号

Eine Telefonnummer wird entsprechend dem sino-japanischen Grundzahlensystem mit einstelligen Ziffern angesagt.

Zahlen, die eine kurze Aussprache haben, werden lang ausgesprochen, damit man sie genauer hört: 2 = nī, 5 = gō.

なんばん
Man fragt nach einer Nummer mit **nanban**: 何番

お　だ
小田さんの電話番号は何番ですか。
Oda-san no denwabangō wa **nanban** desu ka?
Wie lautet die Telefonnummer von Herrn Oda?

(03) 1234-5678 です。
Zero san **no** ichi nī san yon **no** gō roku nana hachi desu.
(Die Nummer ist) (03) 1234-5678.

Die Stadtvorwahl ist oft eingeklammert; sie und andere Nummern werden beim Sprechen durch **no** getrennt.

Uhrzeit und Tageszeit

Die Uhrzeit

Um die Uhrzeit zu bilden, stellt man die entsprechende Zahl vor die Zeichen
じ
時 **ji** für *Uhr*, 分 **fun/pun** für *Minute* und 秒 **byō** für *Sekunde*. Es kommt allerdings bei der Aussprache zu Lautverschiebungen.

ji じ 時: *Uhr*			fun/pun 分: *Minuten*			byō 秒: *Sekunden*		
1	ichiji	一時	1	ippun	一分	1	ichibyō	一秒
2	niji	二時	2	nifun	二分	2	nibyō	二秒
3	sanji	三時	3	sanpun	三分	3	sanbyō	三秒
4	yoji	四時	4	yonpun	四分	4	yonbyō	四秒
5	goji	五時	5	gofun	五分	5	gobyō	五秒
6	rokuji	六時	6	roppun	六分	6	rokubyō	六秒
7	shichiji	七時	7	nanafun	七分	7	nanabyō	七秒
8	hachiji	八時	8	happun	八分	8	hachibyō	八秒
9	kuji	九時	9	kyūfun	九分	9	kyūbyō	九秒
10	jūji	十時	10	juppun	十分	10	jūbyō	十秒
11	jūichiji	十一時	11	jūippun	十一分	11	jūichibyō	十一秒
12	jūniji	十二時	30	han	半	12	jūnibyō	十二秒

Die entsprechenden Fragewörter lauten:

wie viel Uhr	*wie viele Minuten*	*wie viele Sekunden*
nanji	nanpun	nanbyō
なんじ 何時	なんぷん 何分	なんびょう 何 秒

Um nach der Uhrzeit zu fragen, verwendet man folgende Frage:

いま 今何時ですか。	Ima **nanji** desu ka?	*Wie spät ist es jetzt?*

Es gibt, wie im Deutschen, mehrere Möglichkeiten, die Uhrzeit auszudrücken.

8:50	八時五十分	hachiji gojuppun	*acht Uhr fünfzig*
	九時　十分前	kuji juppun **mae**	*zehn **vor** neun*
7:05	七時五分	shichiji gofun	*sieben Uhr fünf*
	七時五分過ぎ	shichiji gofun **sugi**	*fünf **nach** sieben*
3:30	三時三十分	sanji sanjuppun	*drei Uhr dreißig*
	三時半	sanji **han**	***halb** vier*

Das Suffix -前 **mae** bedeutet *vor*, -過ぎ **sugi** *nach* und -半 **han** *halb*.

Die Tageszeiten 一日の時間帯 (いちにち じかんたい)

Mit den folgenden Angaben kann man verdeutlichen, um welche Tageszeit es sich bei einer Zeitangabe handelt.

そうちょう 早朝	sōchō	*früher Morgen*	ゆうがた 夕方	yūgata	*Abend*
あさ 朝	asa	*Morgen*	よる ばん 夜/晩	yoru/ban	*Nacht*
ひる 昼	hiru	*tagsüber*	しんや 深夜	shin´ya	*späte Nacht*
ごぜん 午前	gozen	*Vormittag*	ごご 午後	gogo	*Nachmittag*

Beispiele:

朝の七時半	**asa no** shichiji han	*7:30 a.m.*
午後三時十八分	**gogo** sanji jūhappun	*15:18 bzw. 3:18 p.m.*

Das Datum 日付 (ひ づけ)

Die Kalendertage

Bei der Angabe der Kalendertage mischt man die beiden Grundzahlensysteme: Für den Ersten bis zum Zehnten eines Monats sowie für den 14. und 24. verwendet man die japanischen Zahlen, für die übrigen die sino-japanischen. Der **20.** ist unregelmäßig.

1	tsuitachi	ついたち 一日	9	kokonoka	ここのか 九日
2	futsuka	ふつか 二日	10	toka	とおか 十日
3	mikka	みっか 三日	11	jūichinichi	じゅういちにち 十一日
4	yokka	よっか 四日	14	jūyokka	じゅうよっか 十四日
5	itsuka	いつか 五日	**20**	**hatsuka**	はつか 二十日
6	muika	むいか 六日	24	nijūyokka	にじゅうよっか 二十四日
7	nanoka	なのか 七日	31	sanjūichinichi	さんじゅういちにち 三十一日
8	yōka	ようか 八日			

Die Monate

Das Zeichen 月 heißt **tsuki** *Mond* oder **gatsu** *Monat*. Die Bildung der Monate ist, wie die Tabelle zeigt, ganz regelmäßig.

一月	ichigatsu	*Januar*	七月	shichigatsu	*Juli*
二月	nigatsu	*Feburar*	八月	hachigatsu	*August*
三月	sangatsu	*März*	九月	kugatsu	*September*
四月	shigatsu	*April*	十月	jūgatsu	*Oktober*
五月	gogatsu	*Mai*	十一月	jūichigatsu	*November*
六月	rokugatsu	*Juni*	十二月	jūnigatsu	*Dezember*

Das Fragewort **nan gatsu** 何月（なんがつ） bedeutet *welcher Monat*.

Welcher Tag ist heute?

Das Fragewort nach dem **Wochentag** lautet: **nanyōbi** 何曜日（なんようび）, während man für das **Datum** das Fragewort **nan´nichi** 何日（なんにち） verwendet.

Die Reihenfolge der Datumsangabe ist gegenüber dem Deutschen umgekehrt: zuerst kommt das Jahr, dann der Monat und zum Schluss der Tag.

An die Zahlen werden die Suffixe **-nen** 年 *(Jahr)*, **-gatsu** 月 *(Monat) und* **-ka/-nichi** 日 (*Tag*) angehängt.

Beispiel:
今日は 2006年3月3日 日曜日です。

oder
今日は二千六年三月三日です。

Kyō wa nisenroku**nen** san**gatsu** mik**ka** nichiyōbi desu.
Heute ist Sonntag, der 03.03.2006.

Nengō 年号（ねんごう）

Statt der westlichen Jahreszahl wird das Datum oft mit der **nengō** (japanische Jahreszahl) geschrieben (z.B. in der Zeitung, bei der Angabe eines Geburtstags, etc.).

Nengō bedeutet *Jahreszahl* und ist nach den Tennōperioden bestimmt, d.h. welcher Tenno 天皇（てんのう） (japanischer Kaiser) in welcher Zeit auf dem Thron war oder ist.

Der aktuelle Tennō Akihito 明仁（あきひと） wurde im Jahre 1989 zum Kaiser gekrönt und man hat für die Zeit seiner Regentschaft den Namen **heisei** (mit den Schriftzeichen hei = *Frieden* und sei = *werden*) bestimmt. Das Jahr 1989 war **heisei** 1, 2006 ist demnach **heisei** 18.

Die vier letzten **nengō** lauten:

明治	meiji	08.09.1868 ~ 30.07.1912
大正	taishō	30.07.1912 ~ 25.12.1926
昭和	shōwa	25.12.1926 ~ 07.01.1989
平成	heisei	08.01.1989 ~

Formeln zu Errechnung der jeweiligen nengō:

shōwa	1	= 1926	man rechnet	**+ 1925**	z.B. shōwa 42	= 1967
heisei	1	= 1989	man rechnet	**+ 1988**	z.B. heisei 15	= 2003

Zeitdauer und -relation

Zeitdauer

Eine Zeitdauer wird mit dem Suffix **-kan** 間 ausgedrückt.

Minute	さんぷんかん 三分間	sanpun**kan**	*drei Minuten (lang)*
Stunde	よじかん 四時間	yoji**kan**	*vier Stunden (lang)*
Tag	いちにち 一日*	**ichinichi***	*ein Tag*
	とおかかん 十日間	tōka**kan**	*zehn Tage (lang)*
Woche	にしゅうかん 二週間	nishū**kan**	*zwei Wochen lang*
Monat	はちかげつかん 八ヶ月間	hachi**ka**getsu**kan**	*acht Monate lang*
Jahr	ごねんかん 五年間	gonen**kan**	*fünf Jahre lang*

* Für die Dauer von Tagen verwendet man die Kalendertage mit ihrer unregelmäßigen Lesung **+ kan**. Die Angabe *ein Tag* bildet eine Ausnahme.

Zeitrelation

Die folgenden Tabellen geben einen Überblick über Zeitrelationen. In der zweiten Tabelle werden die Parallelen zwischen den Wochen und den Monaten sichtbar.

Tage			Jahre		
おととい 一昨日	ototoi	*vorgestern*	おととし 一昨年	ototoshi	*vorletztes Jahr*
きのう 昨日	kinō	*gestern*	きょねん 去年	kyonen	*letztes Jahr*
きょう 今日	kyō	*heute*	ことし 今年	kotoshi	*dieses Jahr*
あした 明日	ashita	*morgen*	らいねん 来年	rainen	*nächstes Jahr*
あさって 明後日	asatte	*übermorgen*	さらいねん 再来年	sarainen	*übernächstes Jahr*

Wochen				**Monate**
先々週	**sensen**shū	*vorletzte(r) Woche/Monat*	**sensen**getsu	先々月
先週	**sen**shū	*letzte(r) Woche/Monat*	**sen**getsu	先月
今週	**kon**shū	*diese(r) Woche/Monat*	**kon**getsu	今月
来週	**rai**shū	*nächste(r) Woche/Monat*	**rai**getsu	来月
再来週	**sarai**shū	*übernächste(r) Woche/ Monat*	**sarai**getsu	再来月

Mathemathik auf Japanisch!

Mit den vier **Grundrechenarten** rechnet man wie folgt:

addieren	tasu	2 + 5 = 7	ni tasu go wa nana
substrahieren	hiku	10 – 4 = 6	jū hiku yon wa roku
multiplizieren	kakeru	5 X 3 = 15	go kakeru san wa jūgo
dividieren	waru	100 ÷ 25 = 4	hyaku waru nijūgo wa yon

Die **Dezimalzahlen** 小数（しょうすう） **shōsū** werden im Japanischen nicht mit einem Komma, sondern wie im Englischen mit einem Punkt (auf Japanisch: ten) geschrieben.

0.1	rei ten ichi
0.047	rei ten rei yon nana
0.298	rei ten nī kyū hachi

Bei den **Brüchen** 分数（ぶんすう） **bunsū** muss man wieder umdenken.

1/2	ni bun no ichi
2/3	san bun no ni
4/5	go bun no yon

Das Wort **bun** bedeutet *Teil*. Aber aufgepasst: *zwei Drittel* heißt nämlich nicht **ni** bun no **san**, sondern umgekehrt **san** bun no **ni**, also wörtlich: *von **drei** Teilen **zwei***.

Maße und Gewichte

1 mm	ichi miri (mētoru)	1ミリ(メートル)
1 cm	issenchi (mētoru)	1センチ(メートル)
1 m	ichi mētoru	1メートル
1 km	ichi kiro (mētoru)	1キロ(メートル)
1 m^2	ichi heihō mētoru	1平方（へいほう）メートル
1 m^3	ichi rippō mētoru	1立方（りっぽう）メートル
1 l	ichi rittoru	1リットル
1 g	ichi guramu	1グラム
1 kg	ichi kiro (guramu)	1キロ(グラム)
1 t	itton	1トン
1°C	ichi do	1度（ど）
– 5 °C	mainasu go do	マイナス5度

Die Einheiten **mētoru** (*Meter*) und **guramu** (*Gramm*) in Klammern können weggelassen werden.

Das Zähleinheitswort Josūshi 助数詞 (じょすうし)

Die Anzahl von Gegenständen, Tieren und Personen wird durch eine Kombination von Zahlwort und Zähleinheitswort (ZEW) dargestellt. Das Zahlwort wird in der Regel aus dem sino-japanischen Grundzahlensystem entnommen. Bei Personen verwendet man jedoch Zahlen nach dem japanischen Grundzahlensystem.

Welchem Zähleinheitswort die Gegenstände zugeordnet werden, wird von der Art (oft auch dem Aussehen) des einzelnen Gegenstandes bestimmt.

Beispiele:
Zahlwort und Zähleinheitswort

nimai *(2 Scheiben)*
二枚

Das Zähleinheitswort -**mai** 枚 wird für flache dünne Gegenstände wie Papier, Pizza, etc. verwendet.

Zahl und ZEW bilden eine Einheit und werden mit der Genitivpartikel **no** vor das gezählte Objekt gestellt (Beispiel 1) oder sie stehen direkt vor dem Prädikatsverb (Beispiel 2).

(1)	二枚の紙 (にまい かみ)	ni mai **no** kami	*zwei Blatt Papier*
	四歳の馬	yonsai **no** uma	*vierjähriges Pferd*
	三冊の本	sansatsu **no** hon	*drei Bücher*
(2)	コピーを４枚取りました。	Kopī o yon mai torimashita.	*Ich habe 4 Kopien gemacht.*
	ねずみを２匹見ました。	Nezumi o nihiki mimashita.	*Ich habe zwei Mäuse gesehen.*
	りんごを7個買いました。	Ringo o nanako kaimashita.	*Ich habe sieben Äpfel gekauft.*

Die Zähleinheitswörter werden verschiedenen Gruppen zugeordnet, je nachdem, welche Unregelmäßigkeiten sie in der Zusammensetzung mit der Zahl haben. Diese Unregelmäßigkeiten sind in der Tabelle unterstrichen. Bei den ZEW nach Typ 1 gibt es keine Ausnahmen.

Typ 1 (-mai)			Typ 2 (-hon, -hiki)					
-mai 枚 dünne flache Gegenstände, wie Papier, Toastbrot			**-pon/-hon** 本 schlanke Gegenstände, wie Bleistift, Stock, Blume			**-hiki** 匹 kleine Tiere wie Hund, Katze, Maus…*		
1	ichimai	一枚	1	ippon	一本	1	ippiki	一匹
2	nimai	二枚	2	nihon	二本	2	nihiki	二匹
3	sanmai	三枚	3	sanbon	三本	3	sanbiki	三匹
4	yonmai	四枚	4	yonhon	四本	4	yonhiki	四匹
5	gomai	五枚	5	gohon	五本	5	gohiki	五匹
6	rokumai	六枚	6	roppon	六本	6	roppiki	六匹
7	nanamai	七枚	7	nanahon	七本	7	nanahiki	七匹
8	hachimai	八枚	8	happon/ hachihon	八本	8	happiki/ hachihiki	八匹
9	kyūmai	九枚	9	kyūhon	九本	9	kyūhiki	九匹
10	jūmai	十枚	10	juppon/ jippon	十本	10	juppiki/ jippiki	十匹

* Große Tiere werden mit -to, Vögel mit -wa gezählt.

Man fragt hier mit den Fragewörtern **nanmai** 何枚 (なんまい), **nanbon** 何本 (なんぼん) und **nanbiki** 何匹 (なんびき), die alle mit *wie viel(e)* übersetzt werden.

Typ 3 (-ko)			Typ 4 (-satsu, -sai)					
-ko 個 kleine Gegenstände allgemein, wie Bonbons			**-satsu** 冊 eingeheftete Dinge, wie Bücher, Hefte			**-sai** 歳 Altersangabe in Jahren		
1	ikko	一個	1	issatsu	一冊	1	issai	一歳
2	niko	二個	2	nisatsu	二冊	2	nisai	二歳
3	sanko	三個	3	sansatsu	三冊	3	sansai	三歳
4	yonko	四個	4	yonsatsu	四冊	4	yonsai	四歳
5	goko	五個	5	gosatsu	五冊	5	gosai	五歳
6	rokko	六個	6	rokusatsu	六冊	6	rokusai	六歳
7	nanako	七個	7	nanasatsu	七冊	7	nanasai	七歳
8	hakko/ hachiko	八個	8	hassatsu/ hachisatsu	八冊	8	hassai	八歳
9	kyūko	九個	9	kyūsatsu	九冊	9	kyūsai	九歳
10	jukko/ jikko	十個	10	jussatsu/ jissatsu	十冊	10	jussai/ jissai	十歳

Die Fragewörter **nanko** 何個（なんこ）, **nansatsu** 何冊（なんさつ）, **nansai** 何歳（なんさい） werden alle mit *wie viel(e)* übersetzt, weil die ZEW normalerweise nicht übersetzt werden.

Bei den Zahlen acht und zehn gibt es oft zwei Möglichkeiten der Lesung. Während beide Lesungen von *acht* den gleichen Charakter haben, klingt bei zehn die Lesung mit **ju-** (z.B. jussatsu) umgangssprachlich, die Lesung mit **ji-** (z.B. jissatsu) formell.

Zähleinheitswörter, die teilweise das japanische Grundzahlensystem übernehmen:

-ri/-nin 人 Zahl der Menschen					
1	hitori	一人	6	rokunin	六人
2	futari	二人	7	nananin/ shichinin	七人
3	san´nin	三人	8	hachinin	八人
4	yonin	四人	9	kyūnin	九人
5	gonin	五人	10	jūnin	十人

Die unterstrichenen Wörter sind unregelmäßig.

Das Fragewort **nannin** 何人（なんにん） heißt auf Deutsch *wie viele Personen*.

Sonstige wichtige Zähleinheitswörter (ZEW)

Typ	ZEW	Frage- wort	Bereich Ausnahmen bei Aussprache
Typ 1	-dai 台	nandai	für Wagen, Maschinen
	-do 度	nando	für -mal* für messbare Einheiten wie z.B. Temperatur, Geschwindigkeit, Winkel, Längengrad
Typ 2	-kai 階	nangai	für Stockwerke ikkai, sangai, rokkai, hakkai, jikkai (Ikkai ist in Japan *Erdgeschoss*.)
Typ 3	-kai 回	nankai	für -mal* ikkai, rokkai, hakkai, jikkai
Typ 4	-tō 頭	nantō	für große Tiere, wie Elefanten, Pferde ittō, hattō, jittō
Sons. Typ	-wa 羽	nanba	für Vögel, Hasen sanba, yonwa/ba, jūwa/juppa

*Die ZEW **-do** und **-kai** bedeuten beide *-mal,* sie sind Synonyme.

3 Das Nomen und die Partikeln
名詞（めいし）と助詞（じょし）

Das Nomen 名詞（めいし）

Das japanische Nomen hat weder ein grammatisches Geschlecht noch wird es von einem Artikel begleitet. Die Pluralform finden wir nur bei Personalpronomen; sie wird durch Suffixe gebildet. (▶ Kapitel 4)

Nomen ändern ihre Form nicht, d.h. sie flektieren nicht. Die Übersetzung von 花 hana kann also lauten: die Blume, eine Blume, die Blumen oder Blumen und ergibt sich meist durch den Kontext.

Die Funktion des Nomens im Satz wird durch eine nachgestellte Partikel definiert.

Die Partikeln 助詞（じょし）

Im Japanischen werden Partikeln verwendet, um das Nomen oder die Satzteile näher zu bestimmen. Es gibt Partikeln, die das Nomen in den gleichen Satzbezug stellen können wie die deutsche Deklination: ga für den Nominativ, no für den Genitiv, ni für den Dativ und o und ga für den Akkusativ. Die Partikel wa zeigt das Thema des Satzes an, dient aber auch zur Betonung. In manchen Fällen ist es schwierig, die Nuance zwischen ga und wa zu verstehen. Einige Partikeln ersetzen, verglichen mit dem Deutschen, zum Beispiel auch die Präpositionen.

Die Kasuspartikeln für die vier Fälle

Die vier Deklinationsfälle (Nominativ, Genitiv, Dativ, Akkusativ), die man aus dem Deutschen kennt, werden im Japanischen durch ein Nomen und eine direkt nachgestellte Kasuspartikel ausgedrückt.

Der 1. Fall (Nominativ): Kasuspartikel が ga

Mit der Kasuspartikel ga bekommt ein Nomen, Personalpronomen oder Formalnomen folgende Funktionen:

Subjekt zum Prädikat

一月は雨が多い。	Ichigatsu wa ame ga ōi.	*Im Januar fällt viel Regen.* (wörtl.: *Regen ist viel.*)

Subjekt im Existenzsatz

Um einen Ort und die sich dort befindlichen Dinge oder Personen zu beschreiben, gibt es den Existenzsatz (▶ Kapitel 9).

机の下に猫がいます。	Tsukue no shita ni neko ga imasu.	*Unter dem Schreibtisch ist eine Katze.*
この部屋に有名な絵が五枚あります。	Kono heya ni yūmeina e ga go mai arimasu.	*In diesem Zimmer gibt es fünf bekannte Bilder.*

Fragewörter als Subjekt

どこが痛いですか。	Doko ga itai desu ka.	*Wo tut es weh?*

! **Bei Fragewörtern im Nominativ steht immer die Partikel が ga, nie は wa.**

Subjekt im Aussagesatz bei Wahrnehmung durch die Sinnesorgane

In diesen Sätzen klingt der Sprecher als Thema des Satzes mit, denn die Aussage beruht auf dessen Beobachtung oder Wahrnehmung.

小さい花が咲いている。	Chiisai hana ga saite-iru.	*(Ich nehme wahr, dass) Kleine Blumen blühen.*
学校から歌声が聞こえる。	Gakkō kara utagoe ga kikoeru.	*Ich höre den Gesang aus einer Schule.*

(▶ zu ga als Konjunktion sehen Sie bitte Kap. 11 **Konjunktionen**)

Der 2. Fall (Genitiv): Kasuspartikel の no

Mit der Partikel の **no** kann man besitz- oder zugehörigkeitsanzeigende Bezüge zwischen Nomen herstellen. Dabei steht das Hauptnomen bei der Verknüpfung an letzer Stelle.

Es ist vergleichbar mit dem Deutschen: Vaters Schwesters Tasche.

………… $N_{(n)}$ **no** N_3 **no** N_2 **no** N_1 **no** N

本 hon	*Buch*
妹の本 imōto no hon	*Buch der Schwester*
小野さんの妹の本 Ono-san no imōto no hon	*Buch der Schwester von Herrn Ono*
東京の小野さんの妹の本 Tōkyō no Ono-san no imōto no hon	*Buch der Schwester von Herrn Ono aus Tokyo*

Die Partikel の no kann verschiedene Nuancen zum Ausdruck bringen.

Bedeutung	Japanisch	Romaji	Deutsch
Zugehörigkeit *von wem*	妹の友達（ともだち）	imōto no tomodachi	*Freund/Freunde der jüngeren Schwester*
Ort *aus wo, von wo*	東京の人（ひと）	Tōkyō no hito	*Menschen in Tokyo*
Hersteller, Autor	ソニーのテレビ	Sony no terebi	*ein Fernseher von Sony*
für	明日（あした）の予定（よてい）	ashita no yotei	*der Plan für Morgen*
Material *aus*	ウールのセーター	ūru no sētā	*der Pullover aus Wolle*
Possesiv-pronomen	私の自転車	watashi no jitensha	*mein Fahrrad* (▶ Kap. 4)

Der 3. Fall (Dativ): Kasuspartikel に ni

Mit der Partikel ni wird ein Dativobjekt gebildet.

私は友達に誕生日（たんじょうび）のプレゼントを買（か）います。	Watashi wa tomodachi ni tanjobi no prezento o kaimasu.	*Ich kaufe einem Freund ein Geburtstagsgeschenk.*

Der 4. Fall (Akkusativ): Kasuspartikel を o und が ga

Die Partikel o macht aus dem Nomen, Personalpronomen oder Formalnomen ein Akkusativobjekt.

田中さんが本を読む。	Tanaka-san ga hon o yomu.	*Herr Tanaka liest ein Buch.*
ビールをください。	Bīru o kudasai.	*Ein Bier, bitte.*

Bei manchen Satzstrukturen wird das Objekt des Satzes mit ga beschrieben. Es ist sinnvoll, sich diese Satzstrukturen als feststehende Begriffe zu merken.

私（わたし）は猫が好（す）き。	Watashi wa neko ga suki.	*Ich mag Katzen.*
彼は蛇が嫌（きら）い。	Kare wa hebi ga kirai.	*Er mag Schlangen nicht.*
母は車の運転ができる。	Haha wa kuruma no unten ga dekiru.	*Meine Mutter kann Auto fahren.*
この外国人は日本語が分（わ）かる。	Kono gaikokujin wa Nihongo ga wakaru.	*Dieser Ausländer versteht Japanisch.*

Deutsche Fälle entsprechen nicht immer japanischen Fällen.

Manche japanische Verben werden von einer anderen Partikel begleitet, als man es vom Deutschen her erwarten würde, z.B.:

au 会(あ)う fordert die Partikel に ni, während dem deutschen *treffen* der Akkusativ folgt.

(私は) <u>友達に</u>会う。	(Watashi wa) <u>tomodachi ni</u> au.	*Ich treffe <u>einen Freund</u>.*

tasukeru 助(たす)ける (*helfen, retten*) fordert die Partikel を o.

医者(いしゃ)が病気(びょうき)の<u>人(ひと)を</u>助ける。	Isha ga byōki no <u>hito o</u> tasukeru.	*Der Arzt hilft <u>dem Kranken</u>.*

Die Themapartikel は wa

Eine Besonderheit der japanischen Sprache ist die Themapartikel は wa, die für bestimmte Satzmuster gebraucht wird. Eine wörtliche Übersetzung ins Deutsche (was ... betrifft) klingt jedoch etwas holprig und wird daher oft vermieden.

Die Themapartikel zeigt Folgendes an:

Satzthema

Der markierte Teil kennzeichnet das Satzthema, dann folgt eine Erklärung zu dem Thema. Im Erklärungssatz verwendet man für das Subjekt die reguläre Partikel <u>ga</u>.

キリンは<u>くびが</u>長(なが)い。	Kirin wa <u>kubi ga</u> nagai.	*Was Giraffen betrifft, ist <u>ihr Hals</u> lang. (Giraffen haben einen langen Hals.)*
山田(やまだ)さんは<u>英語(えいご)が</u>上手(じょうず)です。	Yamada-san wa <u>eigo ga</u> jōzu desu.	*Was Herrn Yamada betrifft, ist er im <u>Englischen</u> geschickt. (Herr Yamada kann gut Englisch.)*
私(わたし)はドイツ人(じん)です。	Watashi wa doitsu jin desu.*	*Was mich betrifft, bin ich ein/e Deutsche/er. (Ich bin Deutsche/r.)*

* Im Kopulasatz (▶ Kap.9) wird das Subjekt mit **wa** gekennzeichnet.

小野さんは中国語は話しますが、ドイツ語は話しません。	Ono-san wa* chūgokugo wa hanashimasu ga, doitsugo wa hanashimasen.	*Herr Ono spricht zwar Chinesisch, aber er spricht kein Deutsch.*

* Dieses wa zeigt an, worüber man spricht, nämlich Herrn Ono. Danach werden Chinesisch und Deutsch gegenübergestellt und daher nicht mit der Partikel o, sondern zur Betonung mit wa beschrieben.

! Im Nominativ und Akkusativ entfallen mit der Betonung die Kasuspartikeln, bei ni und de (siehe unten: Andere Partikeln) wird wa nachgestellt.

normal	が ga	を o	に ni	で de
betont	は wa	は wa	には niwa	では dewa

neutral:

イルムガートが、このおいしいケーキを焼きました。	Irumugaato ga kono oishii kēki o yakimashita.	*Irmgard hat diesen leckeren Kuchen gebacken.*

betont:

このおいしいケーキは、イルムガートが焼きました。	Kono oishii kēki wa Irumugaato ga yakimashita.	*Diesen leckeren Kuchen hat Irmgard gebacken.*

Bekanntes und unbekanntes Subjekt:

Ein bekanntes Subjekt wird mit der Partikel wa markiert. Danach folgt im Satz eine Erklärung zum Subjekt.

私は上野です。	Watashi wa Ueno desu.	*Ich bin Ueno.*

In diesem Beispiel stellt Herr Ueno sich vor. Er ist für die Anderen sichtbar, während er sagt: *Ich bin…* anschließend folgt eine Erklärung: *…Ueno*.

Ein vom Kontext her unbekanntes Subjekt wird mit ga gekennzeichnet.

誰が上野さんですか。	Dare ga Ueno-san desu ka.	*Wer ist Herr Ueno?*
私が上野です。	Watashi ga Ueno desu.	*Ich bin (der) Ueno, (der in der Frage erwähnt wurde).*

In diesem Fall weiß die fragende Person, dass jemand Ueno heißt, aber nicht, wer das ist. Die Antwort folgt entsprechend auch mit ga.

Die Unterscheidung zwischen wa und ga ergibt sich manchmal nur aus dem Kontext.

Andere Partikeln

も mo

Die Partikel も mo bedeutet *auch* und bezieht sich direkt auf das vorstehende Nomen. Die Partikeln ga und wa werden durch mo ersetzt, bei ni und de wird mo nachgestellt.

Aussagesatz	が ga	は wa	に ni	で de
Die Partikel in der Bedeutung *auch*	も mo	も mo	にも nimo	でも demo

Beispiel 1

A: 私はドイツ人です。	A: Watashi wa doitsu-jin desu.	*A: Ich bin Deutsche/er.*
B: 私もです。	B: Watashi mo desu.	*B: Ich auch.*

Beispiel 2

私は、広島にも行きます。	Watashi wa Hiroshima nimo ikimasu.	*Ich fahre auch nach Hiroshima.*

で de

Mit der Partikel で de wird ein Handlungsort, ein Mittel, ein Material oder eine Summe beschrieben.

Handlungsort

私たちは教室で勉強します。	Watashitachi wa kyōshitsu de benkyō shimasu.	*Wir lernen im Klassenzimmer.*

Mittel

田中さんは、今日タクシーで学校に来ました。	Tanaka-san wa kyō takushī de gakkō ni kimashita.	*Frau Tanaka ist heute mit dem Taxi zur Schule gekommen.*

Material

この着物は、絹でできています。	Kono kimono wa kinu de dekite imasu.	*Dieser Kimono besteht aus Seide.*

Summe

このパンは、三つで二百円です。	Kono pan wa mittsu de 200 en desu.	*Bei diesem Brot kosten drei Stück zusammen 200 Yen.*

へ e oder に ni

Die Partikeln へ e und に ni benutzt man, um die Richtung eines Bewegungsverbs (ikimasu, kimasu, kaerimasu, tobimasu, etc.) anzugeben:

- へ e steht bei einer groben Richtungsangabe (1a)
- に ni steht bei einer etwas genaueren Zielortangabe (1b)

Richtung eines Bewegungsverbs

1a)	小野さんはアメリカへ行きました。	Ono-san wa Amerika e ikimashita.	*Frau Ono ging nach Amerika.*
1b)	私は大学に行きます。	Watashi wa daigaku ni ikimasu.	*Ich gehe zur Universität.*

Man verwendet に ni bei einem Vorhaben mit einem Bewegungsverb. Vor ni steht entweder ein **Nomen** (2a) oder ein **Verb in der masu-Form ohne -masu** (2b).

2a)	スキーに行きませんか。	Sukī ni ikimasen ka.	*Fahren wir zum Skifahren?*
2b)	すしを食べに行きませんか。	Sushi o tabe ni ikimasen ka.	*Gehen wir nicht Sushi essen?*

から kara

Ein zeitlicher oder örtlicher Beginn wird mit der Partikel から kara bezeichnet.

Zeitlicher Beginn

会議は一時半からです。	Kaigi wa ichiji han kara desu.	*Das Meeting beginnt um halb zwei.*

Örtlicher Beginn

ここから中に入ってはいけません。	Koko kara naka ni haittewa ikemasen.	*Ab hier dürfen Sie nicht weitergehen!*

まで made

Mit der Partikel まで made beschreibt man ein zeitliches oder örtliches Ende.

Zeitliches Ende

試験は九時から十一時までです。	Shiken wa kuji kara jūichiji made desu.	*Die Prüfung ist von 9 bis 11 Uhr.*

Örtliches Ende

神戸から大阪までどの位かかりますか。	Kōbe kara Ōsaka made dono kurai kakarimasuka.	*Wie lange dauert es, von Kobe bis Osaka?*

に ni

Für eine Ortsangabe im Existenz- und Standortsatz (▶ Kapitel 9), eine Zeitangabe oder zur Beschreibung eines Ergebnisses einer Änderung wird に ni benutzt.

Existenz- und Standortsatz

Im Existenz- und Standortsatz wird beschrieben, wo sich etwas oder jemand befindet.

いすの上に猫がいます。	Isu no ue ni neko ga imasu.	*Auf dem Stuhl ist eine Katze.*

Zeitangabe

私は日曜日にジョギングをします。	Watashi wa nichiyōbi ni jogingu o shimasu.	*Ich jogge sonntags.*

Ergebnis einer Änderung

信号が赤から青にかわる。	Shingō ga aka kara ao ni kawaru.	*Die Ampel wechselt von Rot auf Grün.*

と to

Die Partikel と to beschreibt eine Handlung mit jemandem (1) oder mit etwas zusammen (2).

Handlung *mit*

(1)	わたしは中山さんとコーヒーを飲みました。	Watashi wa Nakayama-san to kōhī o nomimashita.	*Ich habe mit Frau Nakayama Kaffee getrunken.*
(2)	ザウアークラウトはケーキとあわない。	Zauākrauto wa kēki to awanai.	*Sauerkraut passt nicht zu Kuchen.*

より yori

Die Partikel より yori hat zusätzlich zu ihrer Komparativfunktion (▶Kapitel 6) die Bedeutung *von*.

Komparativ

この時計は、あの時計より高い。	Kono tokei wa ano tokei yori takai.	*Diese Uhr ist teurer als jene Uhr.*

von

この本は、先生より頂きました。	Kono hon wa sensei yori itadakimashita.	*Dieses Buch habe ich von meinem Lehrer bekommen.*

と to, や ya und か ka

Die Partikeln と to, や ya und か ka verbinden mehrere Nomina in der Aufzählung.

と to für vollständige Aufzählung

私はコーヒーとケーキを注文した。	Watashi wa kōhī to kēki o chūmon shita.	*Ich habe Kaffee und Kuchen bestellt.*

や ya für unvollständige Aufzählung *(und ... und so weiter)*

私はコーヒーやケーキを注文した。	Watashi wa kōhī ya kēki o chūmon shita.	*Ich habe Kaffee und Kuchen usw. bestellt.*

か ka in der Bedeutung von *oder*

私はコーヒーかケーキを注文した。	Watashi wa kōhī ka kēki o chūmon shita.	*Ich habe Kaffee oder Kuchen bestellt.*

Die Formalnomina

Formalnomina stehen nach einem Verb, Adjektiv und einem Satz und fungieren dort wie ein Nomen. Die eigentliche Bedeutung dieser Nomina geht dabei teilweise verloren.

mono, koto, tokoro, hazu, wake, toki, tame, yō, tsumori, hō etc.
tokoro (▶ Siehe Kapitel 9)

フランスにまだ行ったことがない。	Furansu ni mada itta koto ga nai.	*Ich war noch nicht in Frankreich.* (wörtl.: *Es gibt nicht die Tatsache, dass ich nach Frankreich gefahren bin.*)
日本人だからといって、誰もが礼儀正しいというわけではない。	Nihon-jin dakara to itte, daremo ga reigitadashii to iu wake dewa nai.	*Dass die Person Japaner ist, bedeutet nicht gleich, dass diese Person höflich ist.*
山田さんは、もう日本に着いたはずだ。	Yamada-san wa mō nihon ni tsuita hazu da.	*Es wird angenommen, dass Herr Yamada schon in Japan angekommen ist.*
台風のため、学校が休みになった。	Taifū no tame, gakkō ga yasumi ni natta.	*Wegen des Taifuns habe ich schulfrei.*

! Der Satzteil vor dem Formalnomen wird im Deutschen oft durch einen Nebensatz mit *„..., dass..."* wiedergegeben.

Die Substantivierung des Verbs, des Adjektives und des Satzes

Die Wörter こと koto und の no werden gebraucht, um ein Verb, ein Adjektiv oder einen ganzen Satz zu substantivieren. Dies ist u.a. notwendig zur Bildung von verschachtelten Sätzen, die im Deutschen mit Nebensätzen mit *zu* oder ...*dass* ausgedrückt werden (▶ Kapitel 10)

Verb + koto (wörtlich: *Sache)*	書く kaku *schreiben*	書くこと kaku koto *das Schreiben*
Adjektiv + no	赤い akai *rot*	赤いの akai no *etwas Rotes*
	有名な yūmeina *berühmt*	有名なの yūmeina no *etwas Berühmtes*
Personal-pronomen + no	私 watashi *ich*	私の watashi no *meins*
Satz + koto	私がイタリアに行く。 Watashi ga Itaria ni iku. *Ich fahre nach Italien.* 私がイタリアに行くこと Watashi ga Itaria ni iku koto *meine Italienfahrt* *(die Tatsache, dass ich nach Italien fahre)*	

私はイタリアに行きます。父は反対しています。
Watashi wa Itaria ni ikimasu. Chichi wa hantai shite-imasu.
Ich fahre nach Italien. Mein Vater ist dagegen.

父は私がイタリアに行くことに反対しています。
Chichi wa watashi ga Itaria ni iku koto ni hantai shite-imasu.
Mein Vater ist dagegen, dass ich nach Italien fahre.

4 Das Pronomen
代名詞

Das Demonstrativ 指示代名詞

Das japanische Demonstrativpronomen ist einerseits sehr einfach, dadurch dass es wie das japanische Nomen nicht nach Numerus, Genus oder Kasus flektiert. Der Gebrauch ist jedoch genauen Regeln unterworfen, die im Folgenden erklärt werden.

Die Demonstrativwörter sind je nach Funktion, d.h. abhängig davon, was sie beschreiben oder ersetzen, verschieden.

Demonstrativwörter in der gegenwärtigen Situation

Zur Bildung der Demonstrativwörter benutzt man das so genannte KO-SO-A-DO-System. Hierbei ändert sich die erste Silbe des jeweiligen Demonstrativpronomens, je nachdem, in welchem Bereich das Besprochene liegt.

KO: im Bereich des Sprechers
SO: im Bereich des Gesprächspartners
A: weder im Bereich des Sprechers noch im Bereich des Gesprächspartners
DO: für Fragewörter

Funktion	**KO**	**SO**	**A**	**DO**
Gegenstände	kore *dieses*	sore *dieses dort*	are *jenes dort*	dore *welches*
Orte	koko *hier*	soko *dort*	asoko *dort drüben*	doko *wo*
Demonstrativa (N: Nomen)	kono N *dieses N*	sono N *dieses N dort*	ano N *jenes N*	dono N *welches N*
Richtungen	kochira *hier*	sochira *dort*	achira *dort drüben*	dochira *wo*
Personen (höflich)	kochira *diese/r hier*	sochira *diese/r dort*	achira *jene/r dort*	donata *wer*
Methoden[1] (Adverb mit dem Verb suru)	kō suru *auf diese Art und Weise*	sō suru *auf jene Art und Weise*	ā suru *auf jene Art und Weise*	dō suru *wie*
Betonungen Adjektiv (N: Nomen)	konna N *solch ein N*	sonna N *solch ein N*	anna N *solch ein N*	donna N *was für ein N*

[1] Bei „Methoden" sind es Adverbien, keine Pronomen.

これをください。	Kore o kudasai.	*Geben Sie mir bitte dieses!*
それですね。	Sore desu ne.	*Dieses dort, ja.*
それもください。	Sore mo kudasai.	*Dieses dort auch!*
これですね。	Kore desu ne.	*Dieses, nicht wahr?*
あれもください。	Are mo kudasai.	*Jenes dort auch!*
あれですね。ありがとうございます。全部で五十万円です。	Are desu ne. Arigatō gozaimasu. Zenbu de 500.000 en desu.	*Jenes dort. Vielen Dank. Alles zusammen kostet 500.000 Yen.*

Es kann sein, dass der Bereich des Sprechers und der Bereich des Gesprächspartners identisch ist.

これ、面白いね。	Kore, omoshiroi ne!	*Dies ist lustig, nicht wahr!*
本当に。 これ、最高だね。	Hontō ni! Kore saikō da ne!	*Ja, wirklich. Dies ist ja toll!*

Hier wird deutlich, dass es um einen Bereich geht, nicht um die Entfernung! Der Patient bezeichnet sogar den eigenen Körper mit soko.

ここがいたいですか。	Koko ga itai desu ka?	*Tut es hier weh?*
はい、そこです。	Hai, soko desu!	*Ja, da ist es!*

Demonstrativwörter im Kontext

Wird das KO-SO-A-DO-System im Kontext gebraucht, hat es andere Bedeutungen.

SO:	eine vom Gegenüber gerade erwähnte Sache
A:	eine dem Sprecher und dem Gesprächspartner gleichermaßen bekannte Sache

Wenn der Sprecher von einer Sache erzählt, die nicht in Sichtweite ist, benutzt der nächste Sprecher für diese Sache sore, sono etc.

Für eine Sache, die der Sprecher und der Gesprächspartner beide kennen, nehmen die beiden are, ano etc.

Ein kurzer Dialog als Beispiel:

Herr A und Herr B unterhalten sich. Herr A beginnt, von einem neuen Restaurant, das in einer anderen Stadt liegt, zu sprechen. Das Restaurant liegt natürlich außerhalb des Bereichs von Hörer und von Sprecher. Keiner von beiden kann es derzeit sehen.

A: マンハイムの新しい日本のレストランを知っていますか。
Manhaimu no atarashii nihon no resutoran o shitte-imasuka.
Kennen Sie das neue japanische Restaurant in Mannheim?

B: いいえ。そのレストランは、どこにありますか。
Iie. Sono resutoran wa doko ni arimasu ka.
Nein. Wo liegt dieses (!) Restaurant?

A: (そのレストランは、) 駅の近くにあります。
(Sono resutoran wa) eki no chikaku ni arimasu.
(Dieses Restaurant) Es liegt in der Nähe des Bahnhofs.

B: ああ、あのレストランですか。今わかりました。
近くで見ませんでしたから、わかりませんでした。
Aa, ano atarashii resutoran desu ka. Ima wakarimashita.
Chikaku de mimasendeshitakara, wakarimasendeshita.

Ach so, das neue Restaurant da? Jetzt weiß ich, welches Sie meinen. Weil ich es nicht aus der Nähe gesehen habe, habe ich es nicht (als ein japanisches Restaurant) erkannt.

Das Personalpronomen 人称代名詞（にんしょうだいめいし）

Es gibt im Japanischen zwar Personalpronomen, die in etwa den deutschen entsprechen, aber ihr Gebrauch ist viel seltener: Erstens, weil Personen, deren Namen man kennt, mit Namen benannt werden und zweitens, weil man vor allem in der gesprochenen japanischen Sprache gerne das Subjekt weglässt, wenn es der Kontext zulässt.

Zwei kurze Dialoge als Beispiel:

Im neutral-höflichen Stil

*今から出掛けるよ。	*Ima kara dekakeru yo.	*Ich gehe jetzt.*
*どこに行くの。	*Doko ni iku no.	*Wohin gehst du/ gehen Sie?*

Im höflichen Stil

*今から出掛けます。	*Ima kara dekakemasu.	*Ich gehe jetzt.*
*どこに行きますか。	*Doko ni ikimasu ka.	*Wohin gehen Sie?*

* Im Japanischen wurde das 私は watashi wa (*ich*) und das あなたは anata wa/きみは kimi wa/XY-さんは YX-san wa (*Sie/du*) weggelassen.

Singular			**Plural**		
私（わたし）	watashi watakushi	*ich** *formal*	私たち	watashitachi watakushitachi	*wir* *formal*
あなた	anata	*Sie/du*	あなたたち	anatatachi	*sie/ihr*
君（きみ）	kimi	*du*	君たち	kimitachi	*ihr*
彼（かれ）	kare	*er*	彼ら	karera	*sie*
彼女（かのじょ）	kanojo	*sie*	彼女ら	kanojora	*sie*

* Jungen und Männer benutzen in der Umgangssprache 僕 boku bzw. 僕ら bokura

Der Gebrauch von kimi und anata unterscheidet sich etwas vom deutschen *du* und *Sie*. Jüngere unter sich benutzen kimi; in der Regel ein junger Mann zu einer jungen Frau, oder Ältere, wenn sie Jüngere ansprechen. Dabei sind sich Sprecher und Angesprochener nah vertraut und keine höherstehende Person ist anwesend. Auf der neutral-höflichen Ebene spricht man Personen, deren Namen man kennt, mit dem Namen an (Honda-san oder Achim-san). Bei einer Person, die jünger ist als man selbst und fremd ist, benutzt man anata. Spricht man eine Person an, die älter ist oder eine höhere Position hat, benutzt man anata nicht, dies würde als Unhöflichkeit gelten. Stattdessen benutzt man deren Titel oder Funktion zusammen mit -san oder -sama 様. ▶ Kapitel 12.

Jüngere unter sich, Ältere zu Jüngeren	kimi	nah vertraut, nicht in Anwesenheit von Höherstehenden
Ältere zu unbekannten Jüngeren	anata	neutral
Bekannte Personen	Achim-san Honda-san	neutral-höfliche oder höfliche Ebene
Zu älteren oder höherstehenden Personen	Titel oder Funktion +-san oder -sama	höflich

Beispiele:

お客様	o-kyaku-sama	*Verehrter Kunde, Verehrte Kundin*
社長さん	shachō-san	*Herr Geschäftsführer*
山田部長	Yamada buchō	*Abteilungsleiter Yamada*
冬野先生	Fuyuno sensei	*Lehrer/Doktor/Rechtsanwalt/Politiker usw. Fuyuno*

! Titel und auch eine Anrede wie – san oder – sama benutzt man nicht, wenn man über sich selbst oder über die eigene Familie spricht.

Das Possessivpronomen 所有代名詞 (しょゆうだいめいし)

Ebenso wie das Demonstrativpronomen bleibt das Possessivpronomen immer gleich. Es wird wie folgt gebildet:

Personalpronomen + Genitivpartikel の no (+ Nomen)

watashi	watashi no hon	私の本	*mein Buch*
kimi	kimi no kutsu	きみの靴	*deine Schuhe*
anata	anata no o-kane	あなたのお金	*dein/Ihr Geld*
kare	kare no inu	彼の犬	*sein Hund*
kanojo	kanojo no tokei	彼女の時計	*ihre Uhr*
watashitachi	watashitachi no shashin	私たちの写真	*unser Photo*
anatatachi	anatatachi no shigoto	あなたたちの仕事	*eure/Ihre Arbeit*
kimitachi	kimitachi no fuku	きみたちの服	*eure Kleider*
karera	karera no tabemono	彼らの食べ物	*ihr Essen*
kanojora	kanojora no uta	彼女らの歌	*ihr Lied*

5 Ortsangaben

Die Positionswörter

Anders als im Deutschen, wo die Ortsangabe durch eine Präposition vor dem Nomen ausgedrückt wird (*auf dem Schreibtisch*), steht im Japanischen die genaue Ortsbeschreibung hinter dem Nomen. Die Ortsbeschreibung geschieht durch sogenannte **Positionswörter** (z.B. ue *oben*, shita *unten* usw.), bei denen es sich nicht um Präpositionen, sondern um ein weiteres Nomen handelt, das durch die (Genitiv)Partikel の no an das Hauptnomen angeschlossen wird:

Nomen + の no + Positionswort + に ni

机の上に	tsukue *(Schreibtisch)* no ue *(oben)* ni	*auf* dem Schreibtisch

Diese Ortsangaben werden mit der Partikel に ni in den Standort- und den Existenzsatz eingebaut. ▶ Siehe Kapitel 9

Tabelle der Ortsangaben mit Beispielen

Nomen + no	Positionswort	ni	*deutsche Übersetzung*
tsukue no 机の	ue 上	ni に	*auf dem Schreibtisch*
	shita 下		*unter dem Schreibtisch*
	mae 前		*vor dem Schreibtisch*
	ushiro 後ろ		*hinter dem Schreibtisch*
	migi 右		*rechts vom Schreibtisch*
	hidari 左		*links vom Schreibtisch*
sūpa no スーパーの	yoko 横		*neben dem Supermarkt*
	tonari[1] 隣		*neben[1] dem Supermarkt*
	soba そば		*in der Nähe des Supermarktes*
hako no 箱の	naka 中		*in der Schachtel*
heya no 部屋の	man´naka 真ん中		*inmitten des Zimmers*
tēburu no テーブルの	kado 角		*an der Ecke des Tisches*
hikidashi no 引き出しの	sumi 隅		*in der Ecke der Schublade*
tatemono no 建物の	oku 奥		*hinten in dem Gebäude*
honya to kissaten no 本屋と 喫茶店の	aida 間		*zwischen der Bücherei und dem Café*

[1] wenn etwas Gleichartiges daneben steht. Beispiel: Haus neben Haus, Mensch neben Mensch, Geschäft neben Geschäft

スーパーの隣に八百屋があります。	Sūpa no tonari ni yaoya ga arimasu.	*Neben dem Supermarkt ist ein Gemüseladen.*

に ni oder で de

Wenn die Ortsangabe eine Stadt oder ein offener Ort (wie ein Park oder Strand) ist, verwendet man entweder **ni** oder **de**, je nachdem ob das Verb einen Zustand oder eine Handlung ausdrückt.

Zustand: Ortsangabe + に ni

東京に住む	Tōkyō ni sumu	*in Tokyo wohnen*

Handlung: Ortsangabe + で de

東京で働く	Tōkyō de hataraku	*in Tokyo arbeiten*

Die Himmelsrichtungen

Die Himmelsrichtungen sind im Japanischen Nomen und werden mit der Genitivpartikel の no angeschlossen. Darüber hinaus erscheinen die Himmelsrichtungen in vielen Komposita (zusammengesetzte Wörter).

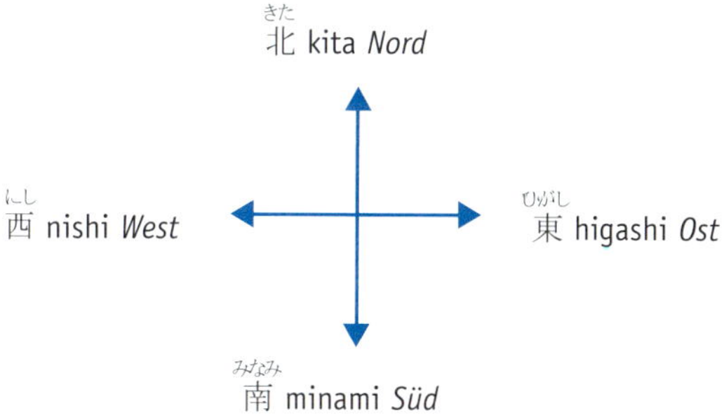

ミュンヘンは、ドイツの南にあります。	Myunhen wa doitsu no minami ni arimasu.	*München liegt im Süden Deutschlands.*
ミュンヘンは、南ドイツにあります。	Myunhen wa minami-doitsu ni arimasu.	*München liegt in Süddeutschland.*
本屋は、駅の北(側)にあります。	Honya wa eki no kita(gawa) ni arimasu. (gawa: *Seite*)	*Die Buchhandlung liegt an der Nordseite des Bahnhofs.*
大阪は東京の西にあります。	Ōsaka wa Tokyo no nishi ni arimasu.	*Osaka liegt westlich* von *Tokyo.*

6 Das Adjektiv 形容詞 und das Adverb 副詞

Das Adjektiv 形容詞

Japanische Adjektive verwendet man wie im Deutschen attributiv, prädikativ oder adverbial. Während sie in attributiver Stellung immer gleich bleiben, bekommen sie in adverbialer Stellung eine andere Endung. Bei prädikativem Gebrauch flektieren sie.

i-Adjektiv und na-Adjektiv

Wegen ihrer unterschiedlichen Endung unterscheidet man im Japanischen zwischen zwei Arten von Adjektiven:

- die **i-Adjektive** (abgekürzt: A) enden mit -i vor einem Nomen.
- die **na-Adjektive** (abgekürzt: Na) enden mit -na vor einem Nomen.

Attributiv

In der attributiven Funktion beschreibt das Adjektiv das darauffolgende Nomen näher. Die Wortstellung ist wie im Deutschen.

赤いペン	akai pen	*roter Stift*
古い車	furui kuruma	*altes Auto*
おいしいピザ	oishii piza	*leckere Pizza*
静かな公園	shizukana kōen	*ruhiger Park*
元気な子供	genkina kodomo	*munteres Kind*
きれいな女の人	kireina onna no hito	*schöne Frau*

Spezielle **i-Adjektive** können vor dem Nomen die Endung -na haben. Diese Sonderformen muss man lernen.

ōkii	ōkina ki	*groß*	*großer Baum*
chiisai	chiisana inu	*klein*	*kleiner Hund*
okashii	okashina hito	*komisch*	*komischer Mensch*

Prädikativ

Adjektive können auch prädikativ, d.h. als Prädikat am Satzende stehen. Im Gegensatz zum Deutschen beinhaltet das japanische Adjektiv schon das Wort *sein*.

In prädikativer Stellung flektiert es nach Tempus (Gegenwart und Vergangenheit) und Höflichkeitsstufe* und hat eine Negationsform.

Die Flexion der i-Adjektive

Gegenwart

neutral-höflich	affirmativ	Hon ga furui. *Das Buch ist alt.* 本が古い。
	negativ	Hon ga furukunai. *Das Buch ist nicht alt.* 本が古くない。
höflich* (desu-masu-Form)	affirmativ	Hon ga furui desu. 本が古いです。
	negativ	Hon ga furukunai desu. 本が古くないです。 Hon ga furuku arimasen. 本が古くありません。

Vergangenheit

neutral-höflich	affirmativ	Hon ga furukatta. *Das Buch war alt.* 本が古かった。
	negativ	Hon ga furukunakatta. *Das Buch war nicht alt.* 本が古くなかった。
höflich* (desu-masu-Form)	affirmativ	Hon ga furukatta desu. 本が古かったです。
	negativ	Hon ga furukunakatta desu. 本が古くなかったです。 Hon ga furuku arimasen deshita. 本が古くありませんでした。

Die Flexion der na-Adjektive

Gegenwart

neutral-höflich	affirmativ	Kaban ga benri da. *Die Tasche ist praktisch.* かばんが便利だ。
	negativ	Kaban ga benri <u>dewa</u> nai. *Die Tasche ist nicht praktisch.* かばんが便利<u>では</u>ない。
höflich* (desu-masu-Form)	affirmativ	Kaban ga benri desu. かばんが便利です。
	negativ	Kaban ga benri <u>dewa</u> nai desu. かばんが便利<u>では</u>ないです。 Kaban ga benri <u>dewa</u> arimasen. かばんが便利<u>では</u>ありません。

Statt <u>dewa</u> kann man in der Umgangssprache ja じゃ benutzen.

Vergangenheit

neutral-höflich	affirmativ	Kaban ga benri datta. *Die Tasche war praktisch.* かばんが便利だった。
	negativ	Kaban ga benri dewa nakatta. *Die Tasche war nicht praktisch.* かばんが便利ではなかった。
höflich* (desu-masu-Stil)	affirmativ	Kaban ga benri deshita. かばんが便利でした。
	negativ	Kaban ga benri dewa nakatta desu. かばんが便利ではなかったです。 Kaban ga benri dewa arimasen deshita. かばんが便利ではありませんでした。

Statt dewa kann man in der Umgangssprache ja じゃ benutzen.

* neutral-höflicher Stil und desu-masu Stil 普通形(ふつうけい)と丁寧形(ていねいけい)

Adjektive können ebenso wie Verben und Nomina + Kopula *sein* in zwei Höflichkeitsgraden ausgedrückt werden, die man an der Form am Satzende erkennt.

(▶ Mehr dazu in Kapitel 12 und in Kapitel 8 Kopula)

Adverbial

In adverbialer Stellung, d.h. vor einem Verb, beschreibt ein Adjektiv ein Verb näher.

In adverbialer Stellung verändern i-Adjektive ihre Endungen von -i ▶ -ku

ōkii	ōkiku naru	*groß*	*groß werden*
furui	furuku naru	*alt*	*alt werden*

In adverbialer Stellung verändern na-Adjektive ihre Endung von -na ▶ -ni

kireina	kireini naru	*schön/sauber*	*schön/sauber werden*
genkina	genkini naru	*gesund*	*gesund werden*

Flexionen der Adjektive 形容詞の変化

Anhand der Beispiele akai hana (*rote Blume*) und genkina kodomo (*gesundes Kind*) sehen Sie alle Flexionsstufen auf einem Blick.

Flexionsstufen	i-Adjektiv	na-Adjektiv
Stamm	aka-	genki-
Grundform	akai	genkida
Adjektiv + Nomen	akai (hana)	genkina (kodomo)
Verneinung	akakunai	genki dewa/ja nai
Verneinung Vergangenheit	akakunakatta	genki dewa/ja nakatta
desu-masu-Form	akai desu	genki desu
te-Form	akakute	genki de
Prädikat	(hana ga) akai	(kodomo ga) genki da
Adverbial (mit Verb „naru“)	akaku (naru)	genki ni (naru)
Konditional (Bedingung)	akakereba	genkideareba
Vergangenheit	akakatta	genki datta
Vermutung	aka karō	genki darō

Spezielle Adjektive wie atatakai (*warm*), yawarakai (*weich*), komakai (*winzig*) flektieren sowohl wie **i-Adjektive** als auch wie **na-Adjektive**.

Farben

Bestimmte Farbadjektive flektieren entsprechend wie i-Adjektive:

赤い akai	*rot*	黒い kuroi	*schwarz*
白い shiroi	*weiß*	青い aoi	*blau*

Andere Farbbezeichnungen werden mit dem Wort 色 iro *Farbe* gebildet, das heißt, sie setzen sich aus dem Wort der entsprechenden Farbe + dem Nomen (iro) zusammen.

茶色	chairo	*braun*
黄色	kiiro	*gelb*
桃色/ピンク色	momoiro/pinkuiro	*pink*

Diese Farbbezeichnungen flektieren nicht wie ein Adjektiv, sondern werden wie andere Nomen mit Partikeln in den Satz eingebunden.

Attributiv mit no: Kono momoiro no pen wa… *Dieser pinkfarbige Stift…*
Adverbial mit ni: …wa chairo ni natta. *… ist braun geworden.*
Prädikativ mit der Kopula *sein:* Kono pen wa momoiro desu. *Der Stift ist pink.*

Verbindung mehrerer Adjektive

I-Adjektiven können mit drei verschiedenen Endungen aufgezählt werden. Während man die erste Form überwiegend in der gesprochenen Sprache findet, benutzt man die zweite und dritte Art der Aufzählung eher in der Schriftsprache.

Endung	i-Adjektiv
te-Form	(-くて)-くて...-い N (-kute...) -kute...-i Nomen
Adverbiale Form (A-ku)	(-く)-く...-い N (-ku...) -ku...-i Nomen
Attributive Form (A-i)	(-い)-い...-い N (-i...) -i...-i Nomen

小さくて白(しろ)くて可愛い猫(ねこ)	chiisakute shirokute kawaii neko *eine kleine weiße niedliche Katze*
高(たか)く青(あお)い空(そら)	takaku aoi sora *ein hoher blauer Himmel*
寒(さむ)い厳(きび)しい冬(ふゆ)	samui kibishii fuyu *ein kalter strenger Winter*

! Bei Benutzung der te-Form zur Verbindung von nur zwei Adjektiven kann das erste Adjektiv in einem ursächlichen Verhältnis zum folgenden Adjektiv stehen.

amakute oishii jūsu — *wegen seiner Süße schmackhafter Saft*

Die na-Adjektive haben nur eine Methode der Aufzählung.

	Na-Adjektiv
te-Form	-で -で...な N -de, -de, -na Nomen

有名(ゆうめい)で静かできれいなお寺(てら)	yūmeide shizukade kireina otera	*ein berühmter stiller schöner Tempel*

! Diese i-Adjektive **chikai**, **tōi** und **ōi** nehmen vor dem Nomen eine andere Form an, nämlich statt -i ▶ -ku no:

多くの友達がコンピューターを持っている。	Ōku no tomodachi ga konpyūtā o motte-iru.	*Die meisten Freunde haben einen PC.*
母は近くの店に買い物に行く。	Haha wa chikaku no mise ni kaimono ni iku.	*Meine Mutter geht zu einem Laden in der Nähe einkaufen.*

Substantivierung der Adjektive

Als Substantive bekommen alle Adjektive statt -i bzw. -na die Endung -sa.

Adjektiv	Substantiv	Adjektiv	Substantiv
takai	takasa	*hoch*	*Höhe*
benrina	benrisa	*bequem*	*Bequemlichkeit*

山の高さ	yama no takasa	*die Höhe des Berges*
地下鉄の便利さ	chikatetsu no benrisa	*die Bequemlichkeit der U-Bahn*

Die Adjektive chikai und ōi bilden ihre Substantive unregelmäßig:

chikai	chikaku	*nah*	*Nähe*
ōi	ōku	*viel*	*meist, eine Menge*

駅の近く	eki no chikaku	*in der Nähe des Bahnhofs*
多くの人たち	ōku no hitotachi	*die meisten Leute*

Das Adverb

Adverbien modifizieren Adjektive oder Verben im Satz. Sie ändern ihre Form nicht und können nach ihrer Bedeutung in folgende Gruppen unterteilt werden.

Adverbien für Grad und Ausmaß

Adverbien des Grades oder Ausmaßes werden meistens attributiv vor den Adjektiven gebraucht und bestimmen diese näher.

大変	taihen	*sehr*
とても	totemo	*sehr*
かなり	kanari	*ziemlich*
あまり～ない	amari + Negation*	*nicht so, nicht sehr*
ぜんぜん～ない	zenzen + Negation*	*überhaupt nicht*

山田さんは英語がとても上手です。	Yamada-san wa eigo ga totemo jōzu desu.	*Herr Yamada kann sehr gut Englisch sprechen.*

Adverbien für die Häufigkeit, die Menge bzw. die Situation

Diese Adverbien werden meistens in Verbindung mit Verben genannt.

いつも	itsumo	*immer*
たくさん	takusan	*viel*
少し，ちょっと	sukoshi, chotto	*ein bisschen*
ずっと	zutto	*ununterbrochen, lange*
よく	yoku	*häufig, oft*
ときどき	tokidoki	*manchmal*
すぐ	sugu	*sofort*
たまに	tamani	*selten*
あまり～ない	amari + Negation*	*selten, nicht so oft/viel*
めったに～ない	mettani + Negation*	*sehr selten*
ぜんぜん～ない	zenzen + Negation*	*gar nicht*

私はテレビをあまり見ません。	Watashi wa terebi o amari mimasen.	*Ich sehe nicht so oft Fernsehen.*
私はお酒をぜんぜん飲まない。	Watashi wa o-sake o zenzen nomanai.	*Ich trinke nie Alkohol.*

* + Negation bedeutet, dass das nachfolgende Adjektiv oder Verb in seiner Negationsform folgt. Diese kann sowohl im neutral-höflichen Stil als auch im desu-masu-Stil sein.

Adverbien für Steigerung

Die Adverbien für die Steigerung stehen zur Verstärkung vor einem Adjektiv oder einem anderen Adverb. Steigerungsflexionen (z.B.: *groß, größer, am größten*) wie im Deutschen gibt es so nicht.

もう少し静か	mō sukoshi shizuka	*noch ein bisschen leiser*
もっと硬い	motto katai	*noch härter*
大変おいしい	taihen oishii	*sehr lecker*
とてもわかい	totemo wakai	*sehr jung*
ずっと大きい	zutto ōkii	*viel größer*

Der Komparativ 比較級（ひかくきゅう） und der Superlativ 最上級（さいじょうきゅう）

Der Komparativ vergleicht zwei Gegenstände oder Personen, während der Superlativ unter vielen vergleicht und bewertet.

Der Komparativ		**Der Superlativ**
motto + Adjektiv yori + Adjektiv		ichiban + Adjektiv
groß	*größer*	*der Größte*
ōkii	motto ōkii/yori ōkii	ichiban ōkii

Der Komparativ

Es gibt im Japanischen wie im Deutschen mehrere Möglichkeiten, einen Vergleich auszudrücken. Während die erste Aussage neutral ist, wird in der zweiten und dritten Aussage das Ergebnis des Vergleichs betont.

A B

A wa B yori ōkii.	*A ist größer als B.*
A no ho ga B yori okii.	*A ist im Vergleich zu B größer.*
B yori A no hō ga ōkii.	*Im Vergleich zu B ist A größer.*

Das Wort hō bedeutet *Richtung* und ist ein Formalnomen. Es steht hier zur Betonung von A.

(AとBと)どちら*(の方)が大きいですか。	(A to B to) dochira* (no hō) ga ōkii desu ka.	*Welches von A und B ist größer?*
Aの方が(Bより)大きいです。	A no hō ga (B yori) ōkii desu.	*A ist größer als B.*

* dochira ist ein Fragepronomen und heißt *welches von beiden*

Der Superlativ

Der Superlativ wird mit dem Wort 一番 ichiban gebildet, das *Nummer eins* bedeutet.

A B C D e F

(A to B to ...F de) A ga ichiban ōkii.
(Unter A und B und... F (ist)) A ist am größten.

AとBと...Fでどれ*が一番大きいですか。	A to B to... F de dore* ga ichiban ōkii desu ka.	*Welches von A und B und... F ist am größten?*
Aが一番大きいです。	A (ga ichiban ōkii) desu.	*A ist am größten.*

* dore bedeutet *welches von allen*

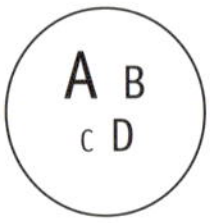

Feld 1

1 (no naka) de A ga ichiban ōkii. In Feld 1 ist A am größten.

東京の中でどのビルが一番高いですか。	Tōkyō no naka de dono biru ga ichiban takai desu ka.	*Welches Hochhaus in Tokyo ist am höchsten?*
Xビルが一番高いです。	X biru ga ichiban takai desu.	*Das Hochhaus X ist am höchsten.*

Gleich und Ähnlich

Das Schriftzeichen 同じ onaji bedeutet *gleich*. Wie Sie unten sehen, gibt es wie im Deutschen mehrere Möglichkeiten, die Gleichheit von zwei Dingen auszudrücken.

A 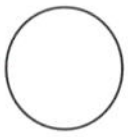

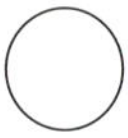 B

A to B wa onaji.	*A und B sind gleich.*
A wa B to onaji.	*A ist gleich wie B.*
A wa B to onaji katachi desu.	*A hat die gleiche Form wie B.*
A wa B to katachi ga onaji.	*A ist in der Form gleich wie B.*

Ähnlich: niteiru 似ている

Das Verb niru *sich ähneln* bekommt in seiner absoluten Gegenwartsform nite-iru (▶Kapitel 8) die Bedeutung eines Adjektivs: *ähnlich*.

Um eine Ähnlichkeit auszudrücken, ersetzt man in den obigen Sätzen onaji durch nite-iru.

A to B wa nite-iru.	*A und B sind ähnlich.*
A wa B ni nite-iru.	*A ist B ähnlich.* usw.

Im zweiten Beispiel wird B von der Partikel ni, die für den Dativ steht, begleitet.

Giongo und Gitaigo 擬音語(ぎおんご)と擬態語(ぎたいご)

Im Japanischen gibt es für fremdsprachige Ohren lustig klingende, oft durch Wortwiederholungen erkennbare Ausdrücke, die wie Adverbien funktionieren. Sie basieren auf der Beschreibung von Geräuschen oder der Beschaffenheit eines Gegenstandes oder der Art und Weise einer Handlung.

Geräuschbeschreibende Giongo werden meistens in Katakana geschrieben.

Giongo: Lautmalerei (Onomatopöien)
Gitaigo: Zustandsmalerei (den Zustand oder die Beschaffenheit eines Gegenstandes beschreibend)

Es gibt ganze Wörterbücher nur für Giongo und Gitaigo. Hier finden Sie einige Beispiele:

Giongo wird oft mit der Partikel と to Verben vorangestellt.

ドアをどんどんたたいた。	Doa o dondon (to) tataita.	*Man klopfte sehr stark an die Tür.*
雨がザーザー降っている。	Ame ga zāzā futte-iru.	*Es regnet sehr viel.*
森の中はしーんとしていた。	Mori no naka wa shīn to shite-ita.	*Im Wald war es still.*
このテーブルはガタガタする。	Kono tēburu wa gata-gata suru.	*Dieser Tisch ist wackelig.*
たくさんの人の前で話すとき、心臓がどきどきする。	Takusan no hito no mae de hanasu toki, shinzō ga dokidoki suru.	*Wenn ich vor vielen Leuten spreche, klopft das Herz heftig.*

Mit Gitaigo wird der Zustand oder die Beschaffenheit eines Gegenstandes ausgedrückt. Oft folgt Gitaigo das Verb suru *machen* in der Form shite-iru.

このぬいぐるみはふわふわしている。	Kono nuigurumi wa fuwafuwa shite-iru.	*Dieses Plüschtier ist weich und flauschig.*
この板の表面は、ざらざらしている。	Kono ita no hyōmen wa zarazara shite-iru.	*Die Oberfläche dieses Brettes ist rau.*
その子どもの手はドーナツを食べた後でべとべとしていた。	Sono kodomo no te wa dōnatsu o tabeta ato de betobeto shite-ita.	*Die Hände des Kindes waren klebrig, nachdem es Donuts gegessen hatte.*
床がつるつるしていて滑りやすいから気をつけて下さい。	Yuka ga tsurutsuru shite-ite suberiyasui kara ki o tsukete-kudasai.	*Da der Boden glatt und rutschig ist, seien Sie bitte vorsichtig.*

Gitaigo + ni naru

Man kann den Verbteil shite-iru mit になる ni naru *werden* ersetzen, d.h. dass etwas in diesen Zustand versetzt wird.

tsurutsuru shite-iru *glatt sein* ▶ tsurutsuru ni naru *etwas wird glatt*

Beispiele von gitaigo mit anderen Verben

星がきらきらと輝く。	Hoshi ga kirakira to kagayaku.	*Sterne funkeln.*
ぶらぶらと町を歩く。	Burabura to machi o aruku.	*Ich schlendere durch die Stadt.*

7 Das Interrogativ 疑問詞と疑問文 (Fragewörter und Fragesätze)

(ぎもんし　ぎもんぶん)

Fragesatzstrukturen

Mit der Partikel か ka am Ende eines Aussagesatzes bildet man einen Fragesatz. Die Wortfolge ändert sich ansonsten nicht, nur die Aussprache, denn das Satzende wird stark betont.

Aussagesatz:

田中さんはお茶を飲みます。	Tanaka-san wa o-cha o nomimasu.	*Herr Tanaka trinkt Tee.*

Fragesatz:

田中さんはお茶を飲みますか。	Tanaka-san wa o-cha o nomimasu ka.	*Trinkt Herr Tanaka Tee?*

Die Fragewörter

Hier finden Sie die wichtigsten Fragewörter auf einen Blick.

何	nan[1]/nani	*was*
誰/どなた	dare/donata	*wer*
どの	dono	*welches* (demonstrativ)
どちら	dochira	*welches* (von 2)
どれ	dore	*welches* (von mehr als 2)
どんな	donna + Nomen	*wie, was für ein*
何の	nan no + Nomen	*was für ein*
どうして/なぜ	dōshite/naze	*warum*
どうやって どういう風に	dō yatte dō iu fū ni	*wie* (auf welche Art und Weise)
いくら	ikura	*wie viel* (kostet)
どの位	dono gurai	*wie viel* (Menge, Dauer)
どこ	doko	*wo*
いつ	itsu	*wann*
何 + Zähleinheitswort[2]	nan + Zähleinheitswort[2]	*wie viele*

1 vor den Konsonanten **d**, **t**, und **n** fällt das **-i** weg: ▶ **nan**
Beispiel: Kore wa nan desu ka. *Was ist dies?* Siehe Kapitel 2

2 zu Zähleinheitswort ▶siehe Kapitel 2

! Hinter dem Fragewort steht niemals die Partikel wa.

Ein Fragewort steht in einem Satz an der Stelle, wo das Erfragte stehen sollte. Zur Betonung kann man es aber auch nach vorne bringen.

Beispielsatz 1:

佐藤さんは、明日　山田さんと神戸ですしを食べます。
Satō-san wa ashita Yamada-san to Kobe de sushi o tabemasu.
Herr Satō isst morgen mit Herrn Yamada in Kobe Sushi.

Frage: ***wer***

Dare ga ashita Yamada-san to Kobe de sushi o tabemasu **ka**.

Frage: ***wann***

Satō-san wa **itsu** Yamada-san to Kobe de sushi o tabemasu **ka**.

Frage: ***mit wem***

Satō-san wa ashita **dare to** Kobe de sushi o tabemasu **ka**.

Frage: ***wo***

Satō-san wa ashita Yamada-san to **doko de** sushi o tabemasu **ka**.

Frage: ***was***

Satō-san wa ashita Yamada-san to Kobe de **nani o** tabemasu **ka**.
Satō-san wa ashita Yamada-san to Kobe de **nani o shimasu ka**.

Beispielsatz mit einem anderen Fragewort:

どうして学校を休みましたか。	**Dōshite** gakkō o yasumimashita ka.	***Warum*** *waren Sie nicht in der Schule?*
風邪をひきましたから、学校を休みました。	Kaze o hikimashita **kara**, gakkō o yasumimashita.	***Weil*** *ich eine Erkältung bekommen habe, habe ich gefehlt.*

Die indirekte Frage

Indirekte Fragen basieren auf Fragesätzen in neutral-höflicher Form.

In der Regel steht am Anfang des indirekten Fragesatzes ein Fragewort und am Ende die Fragepartikel か ka. Danach folgen oft Verben wie 知る shiru (*kennen, wissen*), わかる wakaru (*verstehen*), 聞く kiku (*fragen*), 教える oshieru (*mitteilen*), etc.

Fragesatz in normal-höflicher Form + ka + Verb (in beliebiger Form)

いつ　京都駅行きのバスが出るか、知っていますか。
Itsu Kyōto eki yuki no basu ga deru ka, shitte-imasuka.
Wissen Sie, wann ein Bus zum Bahnhof Kyoto fährt?

Ohne Fragewort bekommt ein Satz die Bedeutung von Unsicherheit.

明日雨が降るか(どうか)、わかりません。
Ashita ame ga furu ka (dōka), wakarimasen.
Ich weiß nicht, ob es morgen regnet (oder nicht).

Die Indefinitpronomen 不定代名詞 (Fragewörter + Partikel か ka oder も mo)

Fragewörter bekommen durch die Zusammensetzung mit der Partikel か ka bzw. も mo folgende Bedeutung:

Fragewörter	+ か ka	+ も mo + affirmativ	+ も mo + negativ
nani	nani ka *irgendetwas*	nani mo *alles*	nani mo (~ nai) *nichts*
dare	dare ka *irgendjemand*	dare mo *jeder*	dare mo (~ nai) *niemand*
dochira	dochira ka *welches von beiden*	dochira mo *beides*	dochira mo (~ nai) *beide nicht*
dore	dore ka *welches von mehreren*	dore mo *alles von mehreren*	dore mo (~ nai) *nichts von mehreren*
doko	doko ka *irgendwo*	doko mo *überall*	doko mo (~ nai) *nirgendwo*
itsu	itsu ka *irgendwann*	itsu mo *immer*	itsu mo (~ nai) *niemals*

赤のと緑のとどちらがいいですか。	Aka no to midori no to dochira ga ii desu ka.	*Welches gefällt Ihnen, das Rote oder das Grüne?*
私にはどちらも大きすぎます。	Watashi niwa dochira mo ōkisugimasu.	*Sie sind mir beide zu groß.*
私はどちらもいりません。	Watashi wa dochira mo irimasen.	*Ich möchte keines von beiden.*

Der verneinte Fragesatz und die Antwort

Bei einer positiven Frage heißt

ja:	hai	(umgangsprachlich auch: ee, un)
nein:	iie	(umgangsprachlich auch: uun)

Bei dem verneinten Fragesatz muss man mit der Antwort jedoch aufpassen, denn sie richtet sich genau nach dem Gefragten. Ein japanisches **hai** als Antwort auf einen verneinten Fragesatz ist also kein deutsches *ja* und entsprechend bedeutet iie nicht *nein*. Folgt der Antwort ein ganzer Satz, wird es deutlicher.

Frage \ Antwort	*Ich bin Student.* Gakusei desu.	*Ich bin kein Student.* Gakusei ja arimasen.
Sind Sie Student? Gakusei desu ka?	*Ja* Hai	*Nein* Iie
Sind Sie kein Student? Gakusei ja nain desuka?	*Doch* Iie	*Nein* Hai

Beispiel 1

あなたは学生じゃないんですか。	Anata wa gakusei ja nain desu ka.	*Sind Sie nicht Student?*
はい、学生じゃありません。	Hai, gakusei ja arimasen.	*Nein, ich bin nicht Student.*
いいえ、学生です。	Iie, gakusei desu.	*Doch, ich bin Student.*

Beispiel 2

今日ミュラーさんを見ませんでしたか。	Kyō Müller-san o mimasen deshita ka.	*Haben Sie heute nicht Herrn Müller gesehen?*
ええ、見ませんでしたよ。	Ee, mimasen deshita yo.	*Nein, ich habe ihn nicht gesehen.*
いいえ、さっき見ましたよ。	Iie, sakki mimashita yo.	*Doch, ich habe ihn gerade gesehen.*

Beispiel 3

今日ミュラーさんは、大学に来ていませんか。	Kyō Müller-san wa daigaku ni kite-imasen ka.	*Ist Herr Müller heute nicht an der Uni?*
はい、来ていません。	Hai, kite-imasen.	*Nein, er ist nicht da.*
いいえ、来ています。	Iie, kite-imasu.	*Doch, er ist da.*

8 Das Verb
どうし
動詞

Japanische Verben konjugieren nicht nach der Person, sondern sie flektieren nach ihrer Funktion, d.h. sie zeigen die Zeit (Gegenwart oder Vergangenheit), den Sprachstil (neutral-höflich oder höflich) und andere Formen (Aktiv, Passiv, Verneinung usw.) des Verbs an.

Watashi ga benkyō-suru.	*Ich lerne.*	Watashitachi ga benkyō-suru.	*Wir lernen.*
Anata ga benkyō-suru.	*Sie lernen.* *Du lernst.*	Anatatachi ga benkyō-suru.	*Sie lernen.* *Ihr lernt.*
Kare ga benkyō-suru.	*Er lernt.*	Karetachi ga benkyō-suru.	*Sie lernen.*
Kanojo ga benkyō-suru.	*Sie lernt.*	Kanojotachi ga benkyō-suru.	*Sie lernen.*

Verbkategorien

Japanische Verben werden nach ihrer Flexionsweise in drei Kategorien (u-Verben, ru-Verben, unregelmäßige Verben) aufgeteilt.

Regelmäßige Verben 規則動詞 (きそくどうし): u-Verben, ru-Verben

Die Bezeichnung der Kategorien wird von der letzten Silbe der Verbgrundform abgeleitet.

u-Verben: / **ru**-Verben werden unterteilt in:

u-Verben:		-**iru**-Verben:		-**eru**-Verben:	
kaku	*schreiben*	miru	*sehen*	shimeru	*schließen*
hanasu	*sprechen*	iru	*da sein*	akeru	*öffnen*
yomu	*lesen*	kiru	*anziehen*	taberu	*essen*
matsu	*warten*	okiru	*aufstehen*	neru	*schlafen*
manabu	*lernen*	dekiru	*fähig sein*	hajimeru	*anfangen*

Verbstamm 語幹 (ごかん)

U-Verben (auch als 五段動詞 (ごだんどうし) godandōshi *fünfstufige Verben* bezeichnet) flektieren mit den Vokalen **a**- **i**- **u**- **e**- **o** (5 vokalische Stufen), d.h. zwischen Verbstamm und Endung werden je nach Flexionsstufe (Verneinungsform, Höflichkeitsform usw., siehe Tabelle unten) die Vokale **a**-**i**-**u**-**e**-**o** zwischengeschoben.

Den Verbstamm bildet man auf folgende Weise:

u-Verb: Die Endung -u der Grundform weglassen.
kaku (Grundform) ▶ kak- (Verbstamm)

Ru-Verben (auch als 一段動詞（いちだんどうし） ichidandōshi *einstufige Verben* bezeichnet) flektieren einstufig, das heißt:

- **iru**-Verben haben einen Verbstamm, der mit dem Vokal i endet.
- **eru**-Verben haben einen Verbstamm, der mit dem Vokal e endet.

Den Verbstamm bildet man auf folgende Weise:

ru-Verb: Die Endung -ru der Grundform weglassen.
okiru (Grundform) ▶ oki- (Verbstamm)

Es gibt auch Verben, die auf -**iru** oder -**eru** enden, aber zu den u-Verben gehören: shaberu *plaudern*, hairu *eintreten*, kiru *schneiden*.

Tipp:
Wenn das Verb in der masu-Form mit -emasu endet, ist es immer ein **ru**-Verb. Beispiel: tabemasu *essen*, akemasu *öffnen*, todokemasu *liefern*.

Unregelmäßige Verben 不規則動詞（ふきそくどうし）

Es gibt im Japanischen nur zwei unregelmäßige Verben: suru *machen/tun* und kuru *kommen*. Wo das Deutsche einfache Verben verwendet, werden im Japanischen oft Verbindungen aus einem Nomen und dem Verb suru gebildet.

benkyō (o) suru (wörtlich: das lernen machen) *lernen*
sanpo (o) suru (wörtlich: einen Spaziergang machen) *spazieren*

Bildung und Funktion der Verbformen

In der Tabelle sehen Sie die verschiedenen Verbformen auf einem Blick und darunter werden ihre Funktionen im Einzelnen beschrieben.

Die Formen der unregelmäßigen Verben kann man in der Tabelle sehen. Sie werden nicht mehr in den Beispielsätzen aufgeführt.

Form (Bedeutung)	Regelmäßiges Verb u-Verb	Regelmäßiges Verb ru-Verb		Unregelmäßiges Verb	
		iru-Verb	eru-Verb	**kuru**	**suru**
nai-Form (Verneinung)	yomanai 読まない	minai 見ない	nenai 寝ない	konai 来ない	shinai しない
masu-Form (höflicher Stil)	yomimasu 読みます	mimasu 見ます	nemasu 寝ます	kimasu 来ます	shimasu します
Grundform (neutral-höflicher Stil)	yomu 読む	miru 見る	neru 寝る	kuru 来る	suru する
ba-Form (Konditional)	yomeba 読めば	mireba 見れば	nereba 寝れば	kureba 来れば	sureba すれば
Befehlsform	yome 読め	miro 見ろ miyo 見よ	nero 寝ろ neyo 寝よ	koi 来い	shiro/seyo しろ/せよ
Willensform (Absicht)	yomō 読もう	miyō 見よう	neyō 寝よう	koyō 来よう	shiyō しよう
te-Form (Bitte)	yonde 読んで	mite 見て	nete 寝て	kite 来て	shite して

blau: Endungen, unterstrichen: eingeschobener Vokal

Nai-Form ナイ形（けい）

Mit der nai-Form wird ein Verb im neutral-höflichen Prädikatsstil verneint.

masu-Form ▶ nai-form (Verneinungsform)

u-Verb	**-imasu** wegnehmen und **-anai** anfügen hanashimasu ▶ hanasanai Falls vor **imasu** ein **Vokal** steht, wird **-wanai** darangehängt. kaimasu ▶ kawanai, araimasu ▶ arawanai
ru-Verb	**-masu** wegnehmen und **-nai** anhängen imasu ▶ inai, tabemasu ▶ tabenai

Grundform ▶ nai-form

u-Verb	**-u** wegnehmen und **-anai** anfügen hanasu ▶ hanasanai Falls vor **u** ein **Vokal** steht, wird **-wanai** angehängt. kau ▶ kawanai, arau ▶ arawanai
ru-Verb	**-ru** wegnehmen und **-nai** daranhängen iru ▶ inai, taberu ▶ tabenai

Bei der Verneinung im höflichen Stil wird aus -masu ▶ -masen.

Masu-Form マス形

Die masu-Form wird oft auch desu-masu Stil genannt. Man bildet mit ihr die Prädikatsform im höflichen Stil (im Gegensatz zum neutral-höflichen Stil, der mit der Grundform gebildet wird). Im Deutschen kann man es etwa mit dem Siezen vergleichen.

(▶ Kapitel 12 Höflichkeitsausdruck)

Grundform ▶ masu-Form

u-Verb	**-u** wegnehmen und **-imasu** anfügen kaku ▶ kakimasu Beachte: hanasu ▶ hanashimasu (siehe sa-Zeile) matsu ▶ machimasu (siehe ta-Zeile)
ru-Verb	**-ru** wegnehmen und **-masu** anhängen iru ▶ imasu, taberu ▶ tabemasu

Grundform 辞書形 (じしょけい)

Die Grundform (siehe Tabelle oben) ist eine Basisform, aus der sich alle Formen herleiten lassen. Es ist die Form, in der ein Verb im japanischen Wörterbuch zu finden ist.

In Nebensätzen wie z.B. indirekter Rede oder Attributivsätzen sowie vor Formalnomina benutzt man diese Form.

Die Grundform ist die Prädikatsform im **neutral-höflichen Stil**. Im Deutschen ist es etwa mit duzen vergleichbar.

(▶Kapitel 12 Höflichkeitsausdruck)

masu-Form ▶ Grundform

u-Verb	**-imasu** wegnehmen und **-u** anfügen kakimasu ▶ kaku Beachte: hanashimasu ▶ hanasu (siehe sa-Zeile) machimasu ▶ matsu (siehe ta-Zeile)
ru-Verb	**-masu** wegnehmen und **-ru** anhängen imasu ▶ iru, tabemasu ▶ taberu

Ba-Form バ形

Mit der ba-Form wird eine konditionale Bedingung (wenn...) ausgedrückt.

Zur Bildung der **ba**-Form wird unabhängig von den Kategorien der Verben das -u durch ein -eba ersetzt.

	Grundform	ba-Form	
u-Verb	kaku	kakeba	*schreiben* ▶ *schriebe*
	hanasu	hanaseba	*sprechen* ▶ *spräche*
	matsu	mateba	*warten* ▶ *wartete*
ru-Verb	miru	mireba	*sehen* ▶ *sähe*
	neru	nereba	*schlafen* ▶ *schliefe*
unregelmäßig	suru	sureba	*sein* ▶ *wäre*
	kuru	kureba	*kommen* ▶ *käme*

Befehlsform 命令形

Verben in der Befehlsform wirken herabschauend und grob. Diese Form wird hauptsätzlich von den Männern zu einer Person, zu der eine nahe Beziehung besteht, verwendet (z.B. zu einem Freund, zum jüngeren Bruder, zu seiner Frau). Deswegen wird diese Form in einem direkten Gespräch nie zu einer höherstehenden Person (älter als der Sprecher usw.) und auch nicht innerhalb der Familie (z.B. ein Kind zu seinen Eltern, zu seinen Großeltern usw.) verwendet. Wenn die Befehlsform seyo (vom Verb suru) als Schriftsprache (z.B. auf einem Schild) verwendet wird, klingt sie neutral.

Grundform ▶ Befehlsform

u-Verb	**-u** wegnehmen und **-e** anfügen hanasu ▶ hanase
ru-Verb	**-ru** wegnehmen und **-ro** bzw. **-yo** anhängen iru ▶ iro/iyo, taberu ▶ tabero/tabeyo
unregelmäßig	suru ▶ shiro/seyo kuru ▶ koi

Willensform (im neutral-höflichen Stil) 意向形

Diese Form drückt, wenn der Sprecher zu sich selbst spricht, seinen Willen bzw. seine Absicht aus. Spricht der Sprecher zu anderen Personen, bedeutet diese Form eine Aufforderung.

食べよう tabeyō	alleine gesagt: *Ich werde essen. Ich will essen.* zu anderen gesagt: *Lasst uns essen!*

Grundform ▶ Willensform

u-Verb	**-u** wegnehmen und **-ō** anfügen hanasu ▶ hanasō
ru-Verb	**-ru** wegnehmen und **-yō** daranhängen iru ▶ iyō, taberu ▶ tabeyō
unregelmäßig	suru ▶ shiyō kuru ▶ koyō

Die Willensform in der Höflichkeitsform (desu-masu Stil) wird unabhängig von der Verbkategorie (u-Verb oder ru-Verb) aus der masu-Form gebildet: -masu ▶ -mashō.

Te-Form テ形(けい)

Funktion

Die te-Form ist eine wichtige Form, die in Verbindung mit iru *sein* den Zustand ausdrückt. Sie wird aber auch für viele Verbkombinationen und Satzmuster verwendet (siehe Verbkombinationen und Kapitel 10).

Diese Form allein bedeutet eine Bitte im neutral-höflichen Stil, mit der Endung -kudasai drückt sie eine höfliche Bitte aus.

食べて。	Tabete.	*Iss, bitte.*
これを見てください。	Kore o mite-kudasai.	*Schauen Sie sich dieses hier an, bitte!*

Aufzählung mehrerer Handlungen

Um mehrere Handlungen aufzuzählen, stehen die Verben in der **te**-Form.

私は、毎朝顔を洗って、朝ごはんを食べて、シャワーを浴びて、家を出ます。

Watashi wa, maiasa kao o aratte, asagohan o tabete, shawā o abite ie o demasu.

Jeden Morgen wasche ich mein Gesicht, dann frühstücke ich, dann dusche ich und dann verlasse ich mein Haus.

Falls man nur zwei Handlungen mit der **te**-Form verbindet, entsteht ein enger Zusammenhang zwischen den beiden Handlungen.

本屋に行って、辞書を買います。

Honya ni itte, jisho o kaimasu.

Ich gehe in eine Buchhandlung und kaufe dort ein Wörterbuch.

Folgender Einsatz der **te-**Form führt deswegen zu dieser (vielleicht ungewollten) Bedeutung:

トイレに行って、朝ごはんを食べます。

Toire ni itte, asagohan o tabemasu.

Ich gehe auf die Toilette und frühstücke (dort).

te-Form + iru (umgangsprachlich -teru)

Die **te**-Form in Verbindung mit dem Verb iru *sein* bringt folgende Bedeutungen zum Ausdruck:

Die Dauer einer Handlung oder eine lang andauernde Handlung

山田さんは、田中さんを駅の本屋で待っています。

Yamada-san wa Tanaka-san o eki no honya de matte-imasu.

Herr Yamada wartet auf Herrn Tanaka in der Buchhandlung im Bahnhof.

小田さんは、自動車の会社で働いています。

Oda-san wa jidōsha no kaisha de hataraite-imasu.

Herr Oda arbeitet in einer Autofirma.

私たちは大学で日本語を勉強しています。

Watashitachi wa daigaku de nihongo o benkyō shite-imasu.

Wir studieren an der Universität Japanisch.

Der gegenwärtige oder dauerhafte Zustand

私は車を持っています。

Watashi wa kuruma o motte-imasu.

Ich besitze ein Auto.

田中さんは名古屋に住んでいます。

Tanaka-san wa Nagoya ni sunde-imasu.

Frau Tanaka wohnt in Nagoya.

あなたはリチャードを知っていますか。
はい、知っています。/いいえ、知りません。

Anata wa Richādo o shitte-imasu ka.	*Kennen Sie Richard?*
Hai, shitte-imasu.	*Ja, ich kenne ihn.*
Iie, shirimasen.	*Nein, ich kenne ihn nicht.*

te-Form von iku, kuru, kaeru + iru

Die **te**-Form von iku (*gehen*), kuru (*kommen*) und kaeru (*zurückkehren*) bedeutet, dass die Person sich noch dort befindet.

私の妹は、今上海に行っています。

Watashi no imōto wa ima Shanhai ni itte-imasu.

Meine jüngere Schwester ist (jetzt) in Schanghai.

家に中山さんが来ています。

Ie ni Nakayama-san ga kite-imasu.

Zu Hause ist Frau Nakayama.

▶ Siehe unter **Aspekt**

Bildung der te-Form

masu-Form ▶ te-form

u-Verb	Wenn in der masu-Form... i, chi, ri vor -masu steht, ersetzt man dieses durch -tte. ni, mi, bi, vor -masu steht, ersetzt man dieses durch -nde. ki vor -masu steht, ersetzt man dieses durch -ite. gi vor -masu steht, ersetzt man dieses durch -ide. shi vor -masu steht, bleibt shi und -te wird angehängt. hairimasu ▶ haitte yomimasu ▶ yonde kikimasu ▶ kiite oyogimasu ▶ oyoide hanashimasu ▶ hanashite Ausnahme: ikimasu *gehen* ▶ itte
ru-Verb	Bei allen Verben -masu wegnehmen und -te anhängen imasu ▶ ite, tabemasu ▶ tabete

Grundform ▶ te-form

u-Verb	Endung: u, tsu, ru wird durch -tte ersetzt Endung: nu, mu, bu wird durch -nde ersetzt Endung: ku wird durch -ite, gu wird durch -ide ersetzt. Endung: su wird durch -shite ersetzt Ausnahme: iku *gehen* ▶ itte
ru-Verb	-ru wird durch -te ersetzt iru ▶ ite, taberu ▶ tabete

テ形(けい)の詩(し)を暗記(あんき)しましょう。
Lasst uns folgendes **te**-Form Gedicht auswendig lernen!

Durch das folgende Gedicht lernt man einfach zu erkennen, welche **u**-Verben zu welcher Änderungsgruppe gehören, d.h. welche der unregelmäßigen **te**-Endungen angehängt werden. Die erste Zeile bedeutet: Endet das Verb mit i, chi oder ri, wird ein tte angehängt usw.

Das Hiragana vor der masu-Endung und die ersetzende te-Formendung

いちり　って	i chi ri tte
にみび　んで	ni mi bi nde
きぎ　いて　いで	ki gi ite ide
して　かわらない	shi te kawaranai
いって　れいがい	itte reigai

kawaranai bedeutet *unverändert*, reigai *Ausnahme*

Das letzte Hiragana der Grundform und die ersetzende te-Formendung

うつる　って	u tsu ru tte
ぬぶむ　んで	nu bu mu nde
くぐ　いて　いで	ku gu ite ide
す　して	su shite
いって　れいがい	itte reigai

reigai bedeutet *Ausnahme*

Ta-Form タ形(けい)

Mit der ta-Form steht ein Verb in der Vergangenheit im neutral-höflichen Stil. Die Regeln zur Bildung der **te**-Form lassen sich auf die **ta**-Form übertragen.

Die te-Form-Endung der Verben ist immer entweder -te oder -de.

Unabhängig von Verbkategorien wird für die Vergangenheitsform -te durch -ta, -de durch -da ersetzt.

Grundform	te-Form	ta-Form	
taberu	tabete	tabeta	*essen* ▶ *aß*
matsu	matte	matta	*warten* ▶ *wartete*
nomu	nonde	nonda	*trinken* ▶ *trank*

Bei der Vergangenheit im höflichen Stil wird aus **-masu** ▶ **-mashita**.

Sonstige Funktion: ~tari (ta-Form + ri)

Mit der Endung -**tari** wird zum Ausdruck gebracht, dass von mehreren Tatsachen oder Handlungen nur eine bzw. einige wichtige auswählt und erwähnt werden.

週末には、庭仕事をしたり、散歩をしたりします。

Shūmatsu ni wa niwashigoto o shitari, sanpo o shitari shimasu.

Am Wochenende mache ich Gartenarbeit, einen Spaziergang usw.

Die Kopula (im Deutschen: sein)

Der Begriff **Kopula** wird oft in Verbindung mit der Prädikatsbildung erwähnt, nämlich zusammen mit einem Nomen oder Na-Adjektiv.

Kopulas haben aber auch die Funktion, am Satzende den Sprachstil zu bestimmen (höflich, schriftlich, umgangsprachlich usw.).

Im Deutschen werden sie als das Verb *sein* übersetzt.

desu	Für den höflichen Redestil, auch für Briefe (wirkt somit wie den Leser direkt ansprechend). Desu entspricht der masu-Form eines Verbs.
da	Für den neutralen Redestil (unter Freunden, innerhalb der Familie gesprochen) und für den formellen Schriftstil (schriftliche Arbeiten, Zeitungen usw.). Er wirkt objektiv.
de aru	Für den formellen Schriftstil (schriftliche Arbeiten, Zeitungen usw).
de arimasu	Für den formellen Redestil (z.B. die öffentliche Rede) und für den formellen Schriftstil (formelle Briefe).

Tabelle der verschiedenen Kopulas

Form/Bedeutung	desu	da	de aru
Verneinung	dewa arimasen	dewa nai	dewa nai
Verneinte Vergangenheitsform	dewa arimasen deshita	dewa nakatta	dewa nakatta
ta-Form (Vergangenheit)	deshita	datta	de atta
Grundform	desu	da	de aru

Form/Bedeutung	desu	da	de aru
Attributiv	na	na	de aru

ba-Form (konditional)	nara	nara(ba)	de areba
Willensform (Absicht)	deshō	darō	de arō
te-Form	de	de	de atte

Die Kopula für eine erklärende Aussage

Dieses Satzmuster wird benutzt, wenn man etwas erklären möchte, oder sich von einem Gesprächspartner etwas erklären lassen möchte.

Bei einem Aussagesatz: **Neutral-höflicher Stil + n/no desu.**
Bei einer Frage: **Neutral-höflicher Stil + n/no desu ka.**

Beachten Sie: Satzende mit Na-Adj./Nomen
Na-na n desu/N na n desu

Mit „n" klingt es umgangsprachlich.

どうして昨日来なかったんですか。	Dōshite kinō konakatta n desu ka.	*Warum sind Sie gestern nicht gekommen?*
お腹が痛かったんです。	Onaka ga itakatta n desu.	*Ich hatte Bauchschmerzen.*

Transitive und intransitive Verben 他動詞(たどうし)と自動詞(じどうし)

Es gibt Verben, die nur als transitives (1) oder intransitives Verb (2) benutzt werden und Verben, die für beides benutzt werden(3). Manche Verben existieren auch als Paare, wie die Tabelle unten zeigt.

(1) Ein transitives Verb (abgekürzt: Vt) braucht ein Akkusativobjekt

手紙を書く	tegami o kaku	*einen Brief schreiben*
新聞を読む	shinbun o yomu	*Zeitung lesen*

(2) Ein intransitives Verb (abgekürzt: Vi) braucht kein Akkusativobjekt

走る	hashiru	*laufen*
寝る	neru	*schlafen*

(3) Verben, die intransitiv und transitiv benutzt werden

z.B. owaru *beenden, enden*, tojiru *zumachen, zugehen*

transitiv

社長が会議を終わる。	Shachō wa kaigi o owaru.	*Der Chef beendet die Konferenz.* („-oeru"ist auch möglich.)

intransitiv

会議がもうすぐ終わる。	Kaigi ga mō sugu owaru.	*Die Konferenz endet bald.*

(4) Verben, die transitiv und intransitiv als Paar existieren

Transitives Verb	Intransitives Verb
akeru 私が窓を開ける。 Watashi ga mado o akeru. *Ich öffne das Fenster.*	aku 窓が開く。 Mado ga aku. *Das Fenster lässt sich öffnen.*
hajimeru 社長が会議を始める。 Shachō ga kaigi o hajimeru. *Der Chef beginnt die Konferenz.*	hajimaru 会議が始まる。 Kaigi ga hajimaru. *Die Konferenz beginnt.*
hiyasu 私がビールを冷やす。 Watashi ga bīru o hiyasu. *Ich kühle das Bier.*	hieru ビールが冷える。 Bīru ga hieru. *Das Bier wird kalt.*
naosu 医者が患者の病気を治す。 Isha ga kanja no byōki o naosu. *Ärzte heilen Krankheiten der Patienten.*	naoru 風邪が治る。 Kaze ga naoru. *Die Erkältung heilt.*
kowasu 子どもがおもちゃを壊す。 Kodomo ga omocha o kowasu. *Ein Kind macht ein Spielzeug kaputt.*	kowareru おもちゃが壊れる。 Omocha ga kowareru. *Ein Spielzeug geht kaputt.*
uru 電気屋の店員がコンピューターを売る。 Denkiya no ten´in ga konpyūtā o uru. *Ein Elektrohändler verkauft Computer.*	ureru この型のコンピューターがよく売れる。 Kono kata no konpyūtā ga yoku ureru. *Dieser Typ von Computer verkauft sich gut.*

Vt-te + aru: Ergebnis einer Tat

窓が開けてある。	Mado ga akete-aru.	*Das Fenster ist auf.**

* *Jemand hat aus einem bestimmten Grund das Fenster aufgemacht und deswegen ist das Fenster absichtlich auf.*

Vi-te + iru: gegenwärtiger Zustand

窓が開いている。	Mado ga aite-iru.	*Das Fenster ist offen.*
電気がついている。	Denki ga tsuite-iru.	*Das Licht ist (jetzt) an.* (von tsuku *angehen*)
花が咲いている。	Hana ga saite-iru.	*Die Blumen blühen.* (von saku *erblühen*)

Tempus und Aspekt

Tempus テンス

Das japanische Verb hat nur zwei Sorten von Tempus:

die Gegenwartsform und die Vergangenheitsform

Für die **Zukunft** bleibt entweder die Gegenwartsform oder man nimmt die Vermutungsform.

Vergangenheit: Vergangenheitsform

Kare wa hana o **katta.**	*Er hat Blumen gekauft.*

Gegenwart: Gegenwartsform

Kare wa hana o **kau.**	*Er kauft Blumen.*

Zukunft: Gegenwartsform oder Gegenwartsform (Vermutung)

Kare wa **ashita** hana o **kau.**	*Er wird* ***morgen*** *Blumen* ***kaufen.***
Kare wa hana o **kau darō.**	*Er wird* ***wohl*** *Blumen* ***kaufen.***

Die Funktion der Gegenwartsform

Regelmäßige Handlungen

私は毎朝卵を一つ食べる。	Watashi wa maiasa tamago o hitotsu taberu.	*Ich esse jeden Morgen ein Ei.*

Allgemeine Aussage

夏にたくさんの観光客が日本を訪れる。	Natsu ni takusan no kankōkyaku ga nihon o otozureru.	*Im Sommer besuchen viele Touristen Japan.*
プラチナは一番高価な貴金属です。	Purachina wa ichiban kōka na kikinzoku desu.	*Das Platin ist das wertvollste Edelmetal.*

Zukunft

Der Sprecher sagt den folgenden Satz um 8 Uhr.

九時になったら、大学に行きます。	Kuji ni nattara, daigaku ni ikimasu.	*Ich gehe zur Uni, wenn es 9 Uhr wird.*

Die absolute Gegenwartsform: te-Form + iru

Die absolute Gegenwart, die im Englischen mit der „-ing Form" ausgedrückt wird, wird im Japanischen mit der **te**-Form und dem Verb iru *sein* gebildet.

妹はテレビを見ている。	Imōto wa terebi o mite-iru.	*Meine Schwester sieht gerade fern.*

Die Vergangenheitsform wird mit te-ita, der Vergangenheitsform von iru, gebildet.

妹は昨日の午後テレビを見ていた。	Imōto wa kino no gogo terebi o mite-ita.	*Meine Schwester sah gestern Nachmittag fern.*

Vergangenheitsform und Vollendung 過去(かこ)と完了(かんりょう)

Die Vergangenheitsform kann die Frage nach der Vollendung beinhalten.

Hier wird nach einer **Handlung in der Vergangenheit** gefragt.

Anata wa kinō o-hirugohan o tabe-mashita ka.	*Haben Sie gestern Mittagessen gegessen?*
Hai, tabemashita.	*Ja, ich habe gegessen.*
Iie, tabemasen deshita.	*Nein, ich habe nicht gegessen.*

Hier wird gefragt, ob eine **Handlung vollendet** wurde oder nicht. (Der Sprecher fragt heute gegen 13:30.)

Anata wa mō o-hirugohan o tabe-mashita ka.	*Haben Sie schon Mittagessen gegessen?*
Hai, tabemashita.	*Ja, ich habe schon gegessen.*
Iie, mada tabete-imasen.	*Ich habe noch nicht gegessen.*

Da die Situation, im Beispiel *das Mittagessen,* noch weiterläuft, ist die negative Antwort nicht in der Vergangenheitsform.

Der Aspekt アスペクト

Der Aspekt bedeutet die zeitliche Dimension der Situation bzw. der Handlung des Verbs: Start, Ende, Fortsetzung, Wiederholung.

Im Japanischen wird dies oft durch zusammengesetzte Verben ausgedrückt.

Beispiel mit dem Verb 掃除する sōji suru *putzen:*

Zukunft: Verb in Gegenwartsform

sōji suru	*Ich putze.*

Aktuelle Gegenwart: te-Form + iru

sōji shite-iru	*Ich putze jetzt gerade.*

Vollendung: te-Form + shimau

sōji shite-shimau	*Ich putze bis zum Ende.*

Unmittelbares Vorhaben: V (Willensform im neutral-höflichen Stil) + to suru

sōji shiyō to suru	*Ich fange gleich an zu putzen.*

Beginn der Handlung: V(-masu) + hajimeru

sōji shi-hajimeru	*Ich fange an zu putzen.*

Ende der Handlung: V(-masu) + owaru

sōji shi-owaru	*Ich habe das Putzen beendet.*

(andauernde) Fortsetzung: V(-masu) + tsuzukeru

sōji shi-tsuzukeru	*Ich putze weiterhin.*

Mit tokoro da hat man die Möglichkeit, das Stadium einer Aktion genauer zu definieren. Dabei ist die Betonung darauf, wie weit man in seiner Aktion fortgeschritten ist.

1) V-ru tokoro da sōji suru tokoro da	gerade anfangen (Absicht) *Ich wollte gerade putzen.*
2) te-Form + iru tokoro da sōji shite-iru tokoro da	gerade dabei *Ich putze gerade.*
3) ta-Form + tokoro da sōji shita tokoro da	gerade fertig *Ich habe gerade geputzt.*

Beachte: **ta**-Form + bakari da

Die Form -bakari da bedeutet ebenfalls *gerade fertig*, beinhaltet aber von der Nuance her nicht den vorangegangenen Prozess, sondern nur den Abschluss.

Eine Dauer kann auch mit dem Schriftzeichen 中 -chū *mitten drin, gerade jetzt* ausgedrückt werden. Man sieht es oft als öffentliches Schild.

営業中	eigyōchū	*in Betrieb, geöffnet*
工事中	kōjichū	*in Bau*
修理中	shūrichū	*in Reparatur*

Zusammengesetzte Verben

Es gibt Verben, die aus zwei unabhängigen Verben A und B gebildet werden. Da deren Bedeutung nicht verloren geht, kann man die Bedeutung des neuen Verbs vermuten.

Verb A (V-(masu)) + Verb B

引く hiku *ziehen*	出す dasu *herausnehmen*	引き出す hikidasu *herausziehen*
取る toru *nehmen*	押さえる osaeru *festhalten*	取り押さえる toriosaeru *festnehmen*
書く kaku *schreiben*	込む komu *füllen*	書き込む kakikomu *(in ein Formular) eintragen*

Verbkombinationen (V-te + V)

Bei den Verbkombinationenen mit der **te**-Form gibt es zwei Typen.

Die Bedeutung erschließt sich aus den einzelnen Verben

V-te + iku: motte-iku *ich nehme (und dann gehe ich) = ich nehme mit*
V-te + kuru: motte-kuru *ich nehme (und komme dann) = ich bringe mit* (oder katte-kuru *ich kaufe (und komme)*)

Das zweite Verb als Beistandsverb 補助動詞 (ほじょどうし)

Als Beistandsverb verliert das Verb seine ursprüngliche Bedeutung. Sie wurde bei den Beispielen in Klammern hinzugefügt und kann beim Lernen als „Esels-brücke" dienen.

V-te + miru: *etwas ausprobieren* (miru: *sehen*)

これを食べてみよう。	Kore o tabete-miyō.	*Ich werde dies probieren zu essen.* (wörtlich: *Ich esse es und sehe, was dann passiert.*)

V-te + oku: das Ergebnis der Handlung wird betont, auch als Vorbereitung für etwas (oku: *lassen, liegenlassen*).

ドアを開けておく。	Doa o akete-oku.	*Ich lasse die Tür auf (damit die Leute herein kommen können).*

V-te + aru: Die Vorbereitung ist schon fertig und bereitgestellt (aru: *sein*).

ドアが開けてある。	Doa ga akete-aru.	*Die Tür ist auf (und bereit, dass die Leute herein können).*

V-te + shimau: Vollendung einer Tat oder Bedauern/Enttäuschung (shimau: *schließen, beenden*).

この本はとても面白かったので、もう読んでしまった。	Kono hon wa totemo omoshirokatta node, mō yonde-shimatta.	*Weil dieses Buch sehr interessant war, habe ich es schon (in einer kurzen Zeit) fertig gelesen.*
かさを電車の中に忘れてきてしまった。	Kasa o densha no naka ni wasurete-kite-shimatta.	*Schade, ich habe meinen Schirm im Zug vergessen.*
夏休みが終わってしまった。	Natsuyasumi ga owatte-shimatta.	*Die Sommerferien sind leider zu Ende.*

! Die Beistandsverben ageru, kureru und morau werden in Kapitel 13 ausführlich behandelt.

9 Der Satz

ぶん
文

Sätze zu bilden ist im Japanischen zunächst sehr einfach, dadurch, dass die Nomen und Verben nicht deklinieren bzw. konjugieren. Man muss sich den möglichen Inhalt der einzelnen **Satzteile** und die verschiedenen **Grundsatzmuster** einprägen.

Komplizierter wird es bei den **Satzverbindungen**, also wenn es zu einem Hauptsatz einen oder mehrere Nebensätze gibt, da die Satzteile nicht immer durch Kommata getrennt sind und der Hauptsatz durch mehrere Nebensätze, die ihrerseits z.B. Attribute haben, auseinandergerissen werden kann.

Die Satzteile

Hier werden die einzelnen Teile eines Satzes (Satzthema, Subjekt, Prädikat, Objekt und adverbiale und adnominale Bestimmungen) und deren möglicher Inhalt dargestellt. Die Reihenfolge der Satzteile wird im Abschnitt Grundsätze und Satzverbindungen beschrieben.

Satzthema

Das Satzthema beschreibt, worüber in einem Satz eine Aussage gemacht wird. Das Satzthema kann aus folgenden Wörtern bestehen:

Nomen	+ Partikel wa	駅	+ は	eki	+ wa	*der Bahnhof*
Pronomen	+ Partikel wa	彼	+ は	kare	+ wa	*er*
Formalnomina	+ Partikel wa	-こと	+ は	koto	+ wa	*„-Sache"**

Das Satzthema gilt für den ganzen Satz, d.h. es gibt pro Satz nur ein Satzthema, während er mehrere Subjekte beinhalten kann.

このももは味が良くて形がいい。	Kono momo wa aji ga yokute katachi ga ii.	*Was diesen Pfirsich betrifft, so ist sein Geschmack gut und seine Form gut.*

Den Nomen, Pronomen oder Formalnomina (▶Kapitel 3) kann eine genauere Definition, teilweise ein ganzer Satz, vorangestellt sein, weshalb das Satzthema sehr lang sein kann.

*Ein Beispielsatz mit einem Formalnomen:

お酒を飲んでから運転することは禁止されています。	O-sake o nonde kara unten suru koto wa kinshi sarete-imasu.	*Mit dem Auto zu fahren, nachdem man Alkohol getrunken hat, ist verboten.*

Subjekt

Das Subjekt kann ebenfalls aus den folgenden Wörtern bestehen:

Nomen	+ Partikel ga	駅	+ が	eki	+ ga	*der Bahnhof*
Pronomen	+ Partikel ga	彼	+ が	kare	+ ga	*er*
Formalnomina	+ Partikel ga	-こと	+ が	koto	+ ga	*„- Sache"**

Das Subjekt bezieht sich immer auf das folgende, (nächststehende) Prädikat.

Auch dem Subjekt können genauere Definitionen vorangestellt werden, z.B. in Form eines Genitivs oder Attributs.

*Ein Beispielsatz mit einem Formalnomen:

面白くて楽しいことがおこる。	Omoshirokute tanoshii koto ga okoru.	*Interessante, lustige Dinge passieren manchmal.*

Prädikat

Das Prädikat ist der wichtigste Teil im Satz. Es befindet sich immer am Satzende. Es kann bestehen aus:

Nomen	+ Kopula	駅	+ です	eki	+ desu	*... ist der Bahnhof.*
Pronomen	+ Kopula	彼	+ です	kare	+ desu	*... ist er.*
Na-Adjektiv	+ Kopula	きれい	+ です	kirei	+ desu	*... ist schön.*
Adjektiv		ふるい		furui		*... ist alt.*
Verb		行く		iku		*gehen*

! Wenn ein Satzthema oder ein Subjekt vom Kontext aus bekannt ist, wird es weggelassen. Das bedeutet, dass ein Satz möglich ist, der nur aus einem Prädikat besteht.

Dazu ein kurzer Dialog:
Ein Lehrer fragt einen Studenten im Lehrraum.

A: Dekimashita ka?	*(Sind Sie mit der Aufgabe) fertig?*	*Sind Sie mit der Aufgabe* wurde weggelassen.
B: Hai, dekimashita.	*Ja, (ich bin damit) fertig.*	*Ich bin mit der Aufgabe* wurde weggelassen.

Objekt

Das Objekt kann ebenfalls aus den folgenden Wörtern bestehen:

Akkusativobjekt

私は、手紙を書きます。	Watashi wa tegami o kakimasu.	*Ich schreibe einen Brief.*

Dativobjekt

私は、倉都さんに手紙を書きます。	Watashi wa Kuratsu-san ni tegami o kakimasu.	*Ich schreibe Frau Kuratsu einen Brief.*

Adverbiale oder Adnominale Bestimmung

Mit adverbialen und adnominalen Bestimmungen werden weitere Informationen in den Satz eingebunden.

Adverbiale Bestimmung

私は東京に行きます。	Watashi wa Tōkyō ni ikimasu.	*Ich fahre nach Tokyo.*
私は、六月に東京に行きます。	Watashi wa rokugatsu ni Tōkyō ni ikimasu.	*Ich fahre im Juni nach Tokyo.*

Adnominale Bestimmung

私は六月に、友達の住んでいる東京に行きます。	Watashi wa rokugatsu ni tomodachi no sunde-iru Tōkyō ni ikimasu.	*Ich fahre im Juni nach Tokyo, wo ein Freund wohnt.*

Grundsätze

In diesem Kapitel werden verschiedene Satzstrukturen, die in der japanischen Sprache vorkommen, vorgestellt, damit man sieht, auf welche Art Sätze gebilden werden können. Bei kurzen Sätzen ist es einfach, eine der **Grundsatzstrukturen** zu erkennen. Es ist bei **Satzverbindungen** mit vielen Verschachtelungen hilfreich, sich immer wieder an den Grundsätzen zu orientieren.

Der Kopulasatz

	+ Kopula		
Nomen	木です。	Ki desu.	*Es ist Holz.*
Personalpronomen	私です。	Watashi desu.	*Ich bin es.*
Na-Adjektiv	静かです。	Shizuka desu.	*Es ist still.*
Formalnomina	..ためです。	...tame desu.	*Es ist, weil ...*

Der einfache Satz

Subjekt	Prädikat	
Kōhī ga コーヒーが	oishii. おいしい。	*Der Kaffee schmeckt gut.*
Akachan ga あかちゃんが	nete-iru. ねている。	*Das Baby schläft.*

Der Themasatz

Thema	Subjekt	Prädikat	
Kare wa 彼は	ashi ga 足が	nagai. 長い。	*Er hat lange Beine.*

Der Objektsatz

Subjekt	Objekt	Prädikat	
Hana ga 花が	niwa ni 庭に	saite-iru. 咲いている。	*Die Blumen blühen im Garten.*
Sensei ga 先生が	uta o 歌を	utaimasu. 歌います。	*Der Lehrer singt.*

Es können auch mehrere Objekte aneinandergereiht werden:

Subjekt	Objekt 1	Objekt 2	Objekt 3	Prädikat
Aiko ga	Hisako to	kissaten de	o-cha o	nomimasu.
愛子が	ひさ子と	喫茶店で	お茶を	飲みます。
Aiko trinkt mit Hisako in einem Café Tee.				

Die Objekte können zur Betonung an erste Stelle gesetzt werden.

Der Existenzsatz

Hier wird beschrieben, <u>was</u> es an einem Ort gibt.

Ortsangabe + ni	Subjekt	Prädikat aru/iru.	
Niwa ni 庭に	buranko ga ブランコが	aru ある。	*Im Garten gibt es eine Schaukel.*
Ki no ue ni 木の上に	tori ga 鳥が	iru. いる。	*Auf dem Baum sind Vögel.*

▶ aru **benutzt man für Gegenstände, Sachen und Pflanzen**
iru **benutzt man für Lebewesen, auch für Menschen**

Für den Existenzsatz mit Zahlangaben lesen Sie bitte ▶ Kapitel 2

Der Standortsatz

Wird nach dem Standort einer bestimmten Sache oder Person gefragt, ändert sich die Satzstellung und das Subjekt wird betont:

Thema	**Ortsangabe + ni**	**Prädikat aru/iru.**	
Megane wa メガネは	doko ni どこに	arimasu ka. ありますか。	*Wo ist die Brille?*
Megane wa メガネは	terebi no ue ni テレビの上に	arimasu. あります。	*Die Brille ist auf dem Fernseher.*
O-kā-san wa お母さんは	doko ni どこに	imasu ka. いますか。	*Wo ist deine Mutter?*
Haha wa 母は	shosai ni 書斎に	imasu. います。	*Die Mutter ist im Arbeitszimmer.*

Satzverbindungen

Die Verbindung von Sätzen erfolgt über die **te**-Form des Verbs ▶ Kapitel 8 oder wie im Deutschen mit Konjunktionen ▶ Kapitel 11.

Der Relativsatz 名詞修飾 (めいししゅうしょく)

Um Nomina zu bestimmen, gibt es Bestimmungswörter und -sätze, die im Japanischen immer vor dem zu bestimmenden Nomen stehen.

Da Japanisch keine Relativpronomina hat, verschwindet dabei die Kasuspartikel.

Grundsatz	**Relativsatz**
私は映画を観ました。 Watashi wa eiga o mimashita.	この前観た映画は、面白かった。 Kono mae mita eiga wa omoshirokatta.
Ich habe einen Film gesehen.	*Der Film,* ***den*** *ich gesehen habe, war interessant.*
昨日レストランで食べました。 Kinō resutoran de tabemashita.	昨日食べたレストランは、とても良かった。 Kino tabeta resutoran wa totemo yokatta.
Ich habe gestern in einem Restaurant gegessen.	*Das Restaurant,* ***in dem*** *ich gestern gegessen habe, war sehr gut.*

Innenstehender Bestimmungssatz

Man versteht darunter, dass mit den Worten eines bestehenden Satzes Nomen näher bestimmt und zum Subjekt eines neuen Satzes werden.

中山さんが	喫茶店で	お茶を	飲んでいます。
Nakayama-san ga	kissaten de	o-cha o	nonde-imasu.
a)	b)	c)	

Frau Nakayama trinkt gerade in einem Café einen Tee.

Nacheinander werden die drei Nomen des Satzes, a) Frau Nakayama, b) das Café und c) der Tee mit den Worten dieses Ursprungssatzes näher beschrieben und zum Subjekt oder Thema eines neuen Satzes.

a) Kissaten de o-cha o nonde-iru Nakayama-san ga/wa …
Frau Nakayama, die in einem Café gerade einen Tee trinkt, …

b) Nakayama-san ga o-cha o nonde-iru kissaten ga/wa …
Das Café, in dem Frau Nakayama gerade einen Tee trinkt, …

c) Nakayama-san ga kissaten de nonde-iru o-cha ga/wa …
Der Tee, den Frau Nakayama gerade in einem Café trinkt, …

! Wie Sie an den unterstrichenen Stellen oben sehen, muss der bestimmende Satz immer im neutral-höflichen Stil sein.

! Innerhalb des Bestimmungssatzes kommt niemals die Themapartikel は wa (außer der Partikel wa mit vergleichender Funktion) vor, da diese Partikel bis zum Satzende wirkt, hier aber das Subjekt nur innerhalb des betreffenden Nebensatzes wirken soll.

Der Nebensatz 従属節 (じゅうぞくせつ)

Wir benutzen das bestimmte Nomen aus den Beispielsätzen als Satzthema des neuen, hier unterstrichenen Satzes:

a) Kissaten de o-cha o nonde-iru Nakayama-san wa watashi no tomodachi desu.
Frau Nakayama, die in einem Café gerade einen Tee trinkt, ist meine Freundin.

b) Nakayama-san ga o-cha o nonde-iru kissaten wa eki no chikaku ni arimasu.
Das Café, in dem Frau Nakayama gerade einen Tee trinkt, liegt in der Nähe des Bahnhofs.

c) Nakayama-san ga kissaten de nonde-iru o-cha wa surirankasan desu.
Der Tee, den *Frau Nakayana gerade in einem Café trinkt, kommt aus Sri Lanka.*

Umtausch von den Partikeln ga und no

Wenn der bestimmende Satz ein einfacher Satz ist, können die Partikel ga und no miteinander vertauscht werden.

Watashi ga taberu kēkī …	Kuchen, den ich esse …
Watashi no taberu kēkī …	Kuchen, den ich esse …

Bei der Variante c) der obigen Beispielsätze soll man die Partikel ga nicht austauschen, da sonst der Kasus nicht mehr erkennbar ist.

Außenstehende Bestimmungswörter

Im Vergleich zu dem innenstehenden Bestimmungssatz, der oben erklärt wurde, ist hier das Wort, das mit dem Relativsatz näher bestimmt wird, ursprünglich nicht Teil dieses Satzes, sondern aus dem anderen Satz. Sehen Sie dazu die Beispiele.

私は学校を休む。その理由は風邪です。	Watashi wa gakkō o yasumu. Sono riyū wa kaze desu.	*Ich gehe nicht zur Schule. Der Grund ist eine Erkältung.*
私が学校を休む理由は、風邪です。	Watashi ga gakkō o yasumu riyū wa kaze desu.	*Der Grund, warum ich nicht zur Schule gehe, ist eine Erkältung.*
火災になった。その原因は、男が寝煙草をしたことだ。	Kasai ni natta. Sono gen´in wa otoko ga netabako o shita koto da.	*Es hat einen Brand gegeben. Die Ursache dafür ist, dass ein Mann beim Rauchen eingeschlafen ist.*
火災になった原因は、男が寝煙草をしたことだ。	Kasai ni natta gen´in wa otoko ga netabako o shita koto da.	*Die Ursache, dass es einen Brand gegeben hat, ist, dass ein Mann beim Rauchen eingeschlafen ist.*

Die indirekte Rede 直接話法と間接話法

(ちょくせつわほう　かんせつわほう)

Der gespochene Satz in der direkten Rede wird im Japanischen mit diesen Häkchen 「　」 eingeklammert.

In der indirekten Rede werden die Sätze vom Sprecher wörtlich aus der direkten Rede übernommen, allerdings benutzt man in der indirekten Rede den neutral-höflichen Stil.

Beispiel 1

Direkte Rede	Indirekte Rede
彼は私に「今日買い物に行きます」と言った。	彼は私に今日買い物に行くと言った。
Kare wa watashi ni「Kyō kaimono ni ikimasu」 to itta.	Kare wa watashi ni kyō kaimono ni iku to itta.
Er sagte mir: „Ich gehe heute einkaufen."	*Er sagte mir, dass er heute einkaufen gehe.*

Beispiel 2

Eine Frage ohne Fragepronomen wird in der indirekten Rede mit ... ka (dō ka)... wiedergegeben.

Direkte Rede	Indirekte Rede
私は彼に「今日買い物をしたの」と聞いた。	私は彼に、今日買い物をしたか(どうか)聞いた。
Watashi wa kare ni 「Kyō kaimono o shitano」 to kiita.	Watashi wa kare ni kyō kaimono o shita ka (dō ka) kiita.
Ich fragte ihn: „Hast du heute eingekauft?“	*Ich fragte ihn, ob er heute eingekauft habe.*

Sätze mit Formalnomina

Die Sätze mit Formalnomina ersetzen den deutschen Nebensatz mit *dass* oder einen satzwertigen Infinitiv.

私が言ったことを忘れないで下さい。	Watashi ga itta koto o wasurenaide kudasai.	*Bitte vergessen Sie nicht, was ich gesagt habe!*
私は子供が病気にならないように気を付けます。	Watashi wa kodomo ga byōki ni naranai yō ni ki o tsukemasu.	*Ich achte darauf, dass meine Kinder nicht krank werden.*
早く出たほうがいいです。	Hayaku deta hō ga ii desu.	*Es ist besser, früher loszugehen.*

10 Verbsuffixe

In der japanischen Sprache gibt es keine Hilfsverben. Ihre Funktion übernehmen Verbformen und Satzmuster, die hier vorgestellt werden.

Das Passiv 受身

Die Passivform wird verwendet, wenn weniger der Handelnde im Vordergrund steht, sondern mehr die Tat oder das Objekt. Sie wird aus der Grundform gebildet.

u-Verben	**-u** wegnehmen und **-areru** anfügen kiku *hören* ▶ kikareru *gehört werden* yobu *herbeirufen* ▶ yobareru *gerufen werden* (als **ru**-Verb flektieren)
ru-Verben	**-ru** wegnehmen und **-rareru** anfügen homeru *loben* ▶ homerareru *gelobt werden* miru *sehen* ▶ mirareru *gesehen werden* (als **ru**-Verb flektieren)
unregelmäßig	kuru *kommen* ▶ korareru siehe Beispiel unten suru *machen* ▶ sareru *gemacht werden* (als **ru**-Verb flektieren)

Für die Vergangenheitsform wird statt -ru ein -ta bzw. -mashita angehängt.

Im Japanischen kann man auf zwei verschiedene Arten die Passivform bilden.

1. Das Objekt im Aktivsatz wird zum Subjekt des Passivsatzes.
2. Die passive Person im Aktivsatz wird das Subjekt des Passivsatzes, wenn es um Besitz oder einen Teil des Körpers geht.

Der Handelnde wird bei beiden Passivformen mit der Partikel ni markiert.

Aktiv

先生が生徒をほめる。	Sensei ga seito o homeru.	*Der Lehrer lobt den Schüler.*

Passiv 1

生徒が先生にほめられる。	Seito ga sensei ni homerareru.	*Der Schüler wird vom Lehrer gelobt.*

Aktiv

どろぼうが、かばんを盗んだ。	Dorobō ga kaban o nusunda.	*Der Dieb stahl die Tasche.*

Passiv 1

かばんが、どろぼうに盗まれた。	Kaban ga dorobō ni nusumareta.	*Die Tasche wurde vom Dieb gestohlen.*

oder Passiv 2

私は、どろぼうにかばんを盗まれた。	**Watashi wa** dorobō ni kaban o nusumareta.	***Mir** wurde vom Dieb die Tasche gestohlen.*

Aktiv

男が、田中さんの足を踏んだ。	Otoko ga Tanaka-san no ashi o funda.	*Ein Mann trat auf Frau Tanakas Fuß.*

Passiv 1

田中さんの足が男に踏まれた。	Tanaka-san no ashi ga otoko ni fumareta.	*Frau Tanakas Fuß wurde von einem Mann getreten.*

oder Passiv 2

田中さんは、男に足を踏まれた。	**Tanaka-san wa** otoko ni ashi o fumareta.	***Frau Tanaka** wurde von einem Mann auf den Fuß getreten.*

Im Japanischen klingt der jeweils untere Satz (Passiv 2) etwas natürlicher.

Man kann auch mit einem intransitiven Verb ein Passiv bilden, um auszudrücken, dass etwas belästigend ist. Man nennt dies belästigendes Passiv 迷惑(めいわく)の受身(うけみ).

Intransitives Verb **furu**: ame ga furu *regnen*

Aktiv

雨が降った。	Ame ga futta.	*Es hat geregnet.*

Passiv

私は、雨に降られた。	Watashi wa ame ni furareta.	*Es hat auf mich geregnet. (wörtlich: Ich wurde vom Regen „befallen".)*

Intransitives Verb **kuru** *kommen*

Aktiv

友達が来た。	Tomodachi ga kita.	*Ein Freund ist gekommen.*

Passiv

部屋がめちゃくちゃだったとき友達に来られた。	Heya ga mechakucha datta toki, tomodachi ni korareta.	*Ein Freund ist gekommen, als mein Zimmer ganz durcheinander war.*

In den Nachrichten und in allgemeinen Aussagen wird oft die Passivform verwendet. In dem Fall spricht man vom seelenlosen Passiv 非情(ひじょう)の受身(うけみ) und meint, dass das Geschehene im Zentrum der Aussage steht und es weniger darum geht, wer etwas macht oder getan hat.

Bei historischem Geschehen wird der Handelnde im Passivsatz mit -ni yotte markiert.

このチョコレートは、よく売れている。	Kono chokorēto wa yoku urete-iru.	*Diese Schokolade verkauft sich gut.*
奈良の法隆寺は、聖徳太子によって607年に建てられた。	Nara no hōryūji wa shōtokutaishi ni yotte 607 nen ni taterareta.	*Der Hōryūji-Tempel in Nara wurde durch Shōtokutaishi im Jahr 607 gebaut.*

Jihatsu 自発(じはつ)

Etwas, das dem Sprecher auf natürlicher Weise, unabhängig seines Willens und unbeabsichtigt passiert (z.B. Erinnerungen, Gefühle, Sinneseindrücke), wird mit dem Begriff **jihatsu** (wörtlich: *passiert von selbst*) umschrieben.

Bildung

Bei jihatsu stehen die Verben meist in der Passivform.

u-Verben	kanjiru *fühlen* ▶ kanjirareru *sich fühlen* omou *denken, glauben* ▶ omowareru *denken müssen an…*
ru-Verben	miru *sehen* ▶ mirareru *sichtbar werden* kangaeru *denken* ▶kangaerareru *denken müssen*
unregelmäßig	shinpai suru *sich sorgen, Angst haben* ▶ shinpai sareru *sich sorgen* (Für **kuru** gibt es diese Bedeutung nicht.)

Auch Verben in anderen Formen können die Bedeutung von jihatsu haben:

- Verben in der Form des Potentialis:
  omou *denken* ▶ omoeru *denken müssen*
  naku *weinen* ▶ nakeru *weinen müssen*
- Intransitive Verben (jidōshi)
  miru *sehen* ▶ mieru *sehen können*
  kiku *hören* ▶ kikoeru *hören können*

Die Verben, die **jihatsu** beschreiben, drücken Gefühle, Gedanken und Sinneswahrnehmungen aus.

Bei **jihatsu** wird die Akkusativpartikel o in die Subjektpartikel ga geändert.

Die Satzbildung ist wie folgt:
(Person **+ ni wa**) + etwas **ga + jihatsu-**Form

Neutraler Satz im Aktiv: omoidasu *sich erinnern*

私は、楽しかった旅行を思い出す。	Watashi wa tanoshikatta ryokō o omoidasu.	*Ich erinnere mich an die amüsante Reise.*

Jihatsu:

楽しかった旅行が、思い出される。	Tanoshikatta ryokō ga omoidasareru.	*Die amüsante Reise kommt mir in den Sinn* (im natürlichen Verlauf des Gedankens).

Neutraler Satz im Aktiv: omou *denken, glauben*

私は、日本にいる妹のことを思う。	Watashi wa nihon ni iru imōto no koto o omou.	*Ich denke an die jüngere Schwester, die in Japan ist.*

Jihatsu:

日本にいる妹のことが、思われる。	Nihon ni iru imōto no koto ga omowareru.	*Ich muss an die jüngere Schwester, die in Japan ist, denken* (im natürlichen Verlauf des Gedankens).

Bei dieser Person geschieht eine gefühlsbetonte Tat ohne deren Willen.

祖父母の元気だったときの写真を見て、泣けた。

Sofubo no genki datta toki no shashin o mite, naketa.

Mir kamen die Tränen, als ich das Foto von den Großeltern gesehen habe, als sie noch gesund waren.

Bei dem Verb **kiku** *hören* bedeuten die Passivform kikareru *gehört werden* und die Potentialform kikoeru *hören können* beide **jihatsu.**

Passiv:

大阪では、関西弁が聞かれる。

Ōsaka dewa, kansaiben ga kikareru.

In Osaka hört man den Kansai-Dialekt.

Potentialis:

隣の部屋からへんな音が聞こえる。

Tonari no heya kara hen´na oto ga kikoeru.

Man hört aus dem Nebenzimmer komische Geräusche.

In den Nachrichten oder in wissenschaftlichen Arbeiten wird oft **jihatsu** benutzt, um Objektivität zu betonen.

九州への台風の影響が心配される。

Kyūshū e no taifū no eikyō ga shinpai sareru.

Auf Kyūshū sind Auswirkungen des Taifuns zu befürchten.

Wunsch des Sprechers (möchten) 希望(きぼう)

Für das Hilfsverb *möchten* gibt es im Japanischen die Suffixe たい **-tai** (bei Wunsch des Sprechers) bzw. たがる **-tagaru** (bei Wunsch einer dritten Person). Hiermit drückt man ein Verlangen aus.

Die Bildung der tai-Form: Verb (-**masu**) + tai

Grundform	masu-Form	Wunschform	
nomu	nomimasu	nomitai	*ich möchte trinken*
iku	ikimasu	ikitai	*ich möchte gehen*
suru	shimasu	shitai	*ich möchte machen*

眠いから、コーヒーを飲みたい。	Nemui kara kōhī o nomitai.	*Weil ich müde bin, möchte ich Kaffee trinken.*

Oft benutzt man die Partikel が ga, um das Objekt zu betonen.

コーヒーが飲みたい。	Kōhī ga nomitai.	*Kaffee möchte ich trinken.*

❗ Einen Satz, der mit der tai-Form endet, benutzt nur der Sprecher, um seinen Wunsch zu äußern.

Bei einer dritten Person heißt es: V (-**masu**) + tagaru
Besonders für einen gegenwärtigen Zustand einer dritten Person:

V (-masu) + tagatte-iru

中野さんは、コーヒーを飲みたがっています。	Nakano-san wa kōhī o nomitagatte-imasu.	*Frau Nakano möchte Kaffee trinken.*

Sonstige Möglichkeiten, um einen Wunsch für eine dritte Person zu äußern, sind folgende:

V (-masu) + tai to itte-iru	*Die Person sagt, dass sie … tun möchte.*
V (-masu) + tai rashii	*Es scheint, dass … möchte.*
V (-masu) + tai sōda	*Ich habe gehört, dass diese Person … tun möchte.*

❗ Wenn man z. B. einem Gast etwas anbietet, benutzt man normalerweise nicht die **tai**-Form.

Richtig:
Man fragt: *Möchten Sie Kaffee trinken?*
Kōhī o nomimasu ka. *(Trinken Sie einen Kaffee?)*
oder: Kōhī wa ikaga desu ka. *(Wie wäre es mit Kaffee?)*

Falsch:
Eine direkte Übersetzung vom deutschen Satz
Möchten Sie einen Kaffee trinken?
Kōhī ga nomitai desu ka.
klingt für Gäste und höher stehende Personen zu direkt, dadurch sogar unhöflich. Es klingt etwa wie:
Wollen Sie unbedingt Kaffee trinken?

Dagegen kann man die **tai**-Form gegenüber nahe stehenden Menschen benutzen. (z. B. Mutter zu Kind, unter den Freunden).

Das Kausativ 使役(しえき)

Das Kausativ drückt eine Veranlassung aus, d.h., dass jemand gezwungen wird, etwas zu tun.

Grundform	▶ Kausativform
u-Verben	**-u** wegnehmen und **-aseru** anfügen kaku *schreiben* ▶ kakaseru *schreiben lassen* matsu *warten* ▶ mataseru *warten lassen* Falls vor **u** ein Vokal steht, wird -**waseru** angehängt. kau *kaufen* ▶ kawaseru *kaufen lassen* narau *lernen* ▶ narawaseru *lernen lassen*
ru-Verben	**-ru** wegnehmen und **-saseru** anfügen taberu *essen* ▶ tabesaseru *essen lassen*
unregelmäßig	kuru *kommen* ▶ kosaseru *kommen lassen* suru *machen* ▶ saseru *machen lassen*

- Bei **transitiven** Verben wird der Gezwungene mit der Partikel ni ausgedrückt.

Grundsatz	**Kausativsatz**
生徒が作文を書く。	先生が生徒に作文を書かせる。
Seito ga sakubun o kaku.	Sensei ga seito ni sakubun o kakaseru.
Schüler schreiben einen Aufsatz.	*Der Lehrer lässt die Schüler einen Aufsatz schreiben.*

- Bei intransitiven Verben wird der Gezwungene mit der Partikel ni oder o gekennzeichnet, wobei der Zwang mit o stärker zum Ausdruck kommt als mit ni.

子どもが犬の散歩に行く。	お母さんが子どもを犬の散歩に行かせる。
Kodomo ga inu no sanpo ni iku.	O-kā-san ga kodomo o inu no sanpo ni ikaseru.
Ein Kind geht mit dem Hund spazieren.	*Die Mutter schickt das Kind mit dem Hund spazieren.*

Der Potentialis (können) 可能（かのう）

Das deutsche *können* im Sinne von einer Fähigkeit, wird mit dem Verb dekiru *können* oder der Potenzialform, einer Verbendung, die eine Fähigkeit beschreibt, ausgedrückt.

Mit dem Verb できる **dekiru** gibt es folgende Formen:

1) Verb (Grundform) + **koto ga dekiru**
2) Nomen + **ga dekiru** (wird besonders für den schriftlichen Gebrauch verwendet, z.B. wissenschaftliche Arbeiten)

田中さんは、ドイツ語を話すことができる。	Tanaka-san wa doitsugo o hanasu koto ga dekiru.	*Frau Tanaka kann Deutsch sprechen.*
田中さんは、ドイツ語ができる。	Tanaka-san wa doitsugo ga dekiru.	*Frau Tanaka kann Deutsch.*

Die **Potentialform** drückt entweder die Fähigkeiten einer Person oder eine Situation, bei der etwas machbar ist, aus. Sie wird folgendermaßen gebildet:

	Grundform	Potentialform	
u-Verben	kiku	kikeru	*hören können*
	nomu	nomeru	*trinken können*
ru-Verben	taberu	taberareru	*essen können*
	okiru	okirareru	*aufstehen können*
unregelmäßig	kuru	korareru	*kommen können*
	suru	dekiru	*machen können*

田中さんは、ドイツ語が話せる。	Tanaka san wa doitsu-go ga hanaseru.	*Frau Tanaka kann Deutsch sprechen.*

Potentialform der u-Verben: kanōdōshi 可能動詞(かのうどうし)

Durch die Potentialendung flektieren alle Verben wie **ru**-Verben. Man nennt sie **kanōdōshi**.

kiku *hören* (u-Verb) ▶ kikeru *hören können* ▶ kikenai, kikemasu, kikereba
nomu *trinken* (u-Verb) ▶ nomeru *trinken können* ▶ nomenai, nomemasu, nomereba

Potentialform der ru-Verben und des Verbs kuru *kommen*: らぬきことば *Wörter ohne ra*

Umgangssprachlich wird oft bei der von den ru-Verben abgeleiteten Potentialform und von dem unregelmäßigen Verb korareru ra weggelassen. Da die Potentialform und die Formen für Passiv und Höflichkeitsausdruck identisch sind, wird durch den Wegfall von ra ein Unterschied hergestellt.

	(umgangssprachlich)
Statt みられる mirareru	みれる mireru (Potentialform)
Statt こられる korareru	これる koreru (Potentialform)

Die Kasuspartikel を o (Akkusativ) wird zu が ga.
Die anderen Partikeln ändern sich nicht!

Grundsatz:	田中さんは、英語を話す。	Tanaka-san wa eigo o hanasu.	*Herr Tanaka spricht Englisch.*
Potentialsatz:	田中さんは、英語が話せる。	Tanaka-san wa eigo ga hanaseru.	*Herr Tanaka kann Englisch sprechen.*

Beispiel: Er fliegt nach Japan. ▶ *Er kann nach Japan fliegen.*

Grundsatz:	Kare wa Nihon ni iku 彼は、日本に行く。
Möglichkeit 1:	Kare wa nihon ni iku koto ga dekiru. 彼は、日本に行くことができる。
Möglichkeit 2:	Kare wa nihon ni ikeru. 彼は、日本に行ける。

! Die Potenzialform kann man nicht mit -tai *möchten* oder -tameni *für etwas* benutzen.

Ausnahmen:

Es gibt Verben, die nicht mit Potentialisformen ausgedrückt werden:

1. Verben, die ein willenloses Geschehen, eine Handlung unabhängig vom Willen des Sprechers oder unkontrollierbare Gefühle ausdrücken.

(hana ga) saku	*(Blumen) blühen*
(jugyō ga) hajimaru	*(der Unterricht) beginnt*
(ki ga) aru	*es gibt (Bäume)*
(takai tokoro o) osoreru	*Angst haben vor (der Höhe)*

2. Verben, die schon die Bedeutung *können* beinhalten: wakaru *verstehen*

   Falsch: Tanaka-san wa eigo ga wakareru.
   Richtig: Tanaka-san wa eigo ga dekiru.

3. Verben, die Gegenstände als Subjekt nehmen.

   Stattdessen nimmt man Verb + **koto ga dekiru**.

   Unnatürlich: Kono kuruma wa takusan no mono o hakoberu.
   Natürlich: Kono kuruma wa takusan no mono o hakobu koto ga dekiru.
   Dieser Wagen kann viele Sachen transportieren.

! Eine **Möglichkeit** wird im Japanischen nicht mit der Potentialisform ausgedrückt. Dafür gibt es die Ausdrücke der Vermutung. (▶ siehe Präsumtiv)

Ashita ame ga furu kamo shirenai.	*Es kann sein, dass es morgen regnet.*
Sore wa uso ni chigainai. (Sore wa hontō dewa arienai.)	*Das kann doch nicht wahr sein.*

Potentialis oder Passiv?

Man kann bei den ru-Verben nur aus dem Kontext erkennen, ob der Satz Passiv oder Potentialis bedeutet.

Beispiele:

kiru *anziehen*

Potentialis	このドレスは小さいが、着られる。	Kono doresu wa chiisai ga, kirareru.	*Dieses Kleid ist klein, aber ich kann es tragen.*
Passiv	私の一番好きなドレスを妹に着られた。	Watashi no ichiban sukina doresu o imōto ni kirareta.	*Mein Lieblingskleid wurde von meiner Schwester getragen. (Schade!)*

taberu *essen*

Potentialis	量が多かったが、全部食べられた。	Ryō ga ōkatta ga, zenbu taberareta.	*Die Menge war viel, aber ich konnte alles essen.*
Passiv	弟におやつを食べられた。	Otōto ni oyatsu o taberareta.	*Mein Imbiss wurde von meinem jüngeren Bruder weggegessen. (Schade!)*

Das Optativ 依頼 (いらい) (Bitte)

Eine Bitte wird mit der **te**-Form eines Verbs ausgedrückt.

In der Tabelle sehen Sie am Beispiel von **mado o akeru** *das Fenster aufmachen* die zwei Höflichkeitsstufen sowie jeweils die Negationsform.

Sprachstil	Satzmuster
neutral-höflich positiv	**te-Form** Mado o akete. *Mach das Fenster auf.*
neutral-höflich negativ	**nai-Form + de** Mado o akenai de. *Mach das Fenster nicht auf.*
desu-masu Form positiv	**te-Form + kudasai** Sumimasen. Mado o akete kudasai. Höflicher: Mado o akete kudasaimasen ka. *Würden Sie bitte das Fenster aufmachen?*
desu-masu Form negativ	**nai-Form + de kudasai** Sumimasen. Mado o akenaide kudasai. Höflicher: Mado o akenaide kudasaimasen ka.

Das Wort **kudasai** kommt von **kudasaru** *geben* und wird oft beim Einkaufen benutzt. Es bedeutet: *Geben Sie mir...*

Bitte achten Sie hier auf die Wortfolge:

Objekt + o (+ Zahl + Zähleinheitswort) + kudasai/onegai-shimasu

A新聞をください。	A-shinbun o kudasai.	*Ich hätte gerne eine A-Zeitung.*
これを五つください。	Kore o itsutsu kudasai.	*Ich hätte gerne fünf Stück von diesen.*
コーラを二本とパンを三つください。	Kōra o nihon to pan o mittsu kudasai.	*Ich hätte gerne zwei Flaschen Cola und drei Brötchen.*

Statt -**kudasai** kann man auch **o-negai-shimasu** *bitte* sagen.

唐揚げ定食をお願いします。	Karaage-teishoku o o-negai-shimasu.	*Ein Karaage-Menü, bitte.*

Der Imperativ 命(めい)令(れい)

Der Imperativ wird bei Befehlen, Mahnungen, Ratschlägen und Hinweisen gebraucht. Im Japanischen wird er nur dann verwendet, wenn die Hierarchie der Gesprächspartner eindeutig ist.

Der Imperativ wird nur gesagt von:

- oben stehenden zu unten stehenden
- Älteren zu Jüngeren
- Chef zu seinen Angestellten
- Eltern zu ihren Kindern

Es gibt dafür zwei Satzmuster:

- Befehlsform: (▶ siehe Kap. 8) Dieser Ausdruck wird nicht nur von oben stehenden zu unten stehenden, sondern auch unter gleichrangigen Personen (z. B. unter Freunden) und fast nur von Männern benutzt.

早くしろ。	Hayaku shiro.	*Mach schnell!*

- Verbform V (-masu) + nasai

  suru ▶ shimasu ▶ shinasai
  neru ▶ nemasu ▶ nenasai

Eine Mutter sagt zu ihrem Kind:

早くしなさい。	Hayaku shinasai!	*Mach schnell!*
早く寝なさい。	Hayaku nenasai.	*Geh jetzt schlafen!*

Aufforderung und Einladung 勧誘と招待

Für die **Aufforderung** verwendet man statt -**masu** ▶ -**mashō/-masen ka.**

映画を観る。	Eiga o miru.	*einen Kinofilm sehen*
▼	▼	▼
映画を観ましょう。	Eiga o mimashō.	*Lass uns einen Kinofilm sehen.*
一緒に映画を観ませんか。	Issho ni eiga o mimasen ka.	*Wollen wir nicht zusammen einen Kinofilm ansehen gehen?*

Eine **Einladung** wird ebenfalls mit der Endung -**masen ka** formuliert.

家に遊びにきませんか。	Uchi ni asobi ni kimasen ka.	*Wollen Sie uns nicht besuchen kommen?*

Die Erlaubnis 許可

Für eine Erlaubnis gibt es drei Möglichkeiten der Formulierung:

1. Verb in **te**-Form + **mo ii** (desu)
2. Verb in **te**-Form + **mo** + **kamawanai** (desu)
3. Verb in Grundform + **koto ga dekiru** (dekimasu)

Die erste Formulierung bedeutet wörtlich: *es ist gut, auch wenn...*
Das Wort **kamawanai** heißt *es stört (mich) nicht, wenn...*
Die dritte Möglichkeit ist wie im Deutschen die Benutzung des Wortes *können*.

窓を開けてもいいです。	Mado o akete mo ii (desu).	*Sie dürfen das Fenster aufmachen.*
窓を開けてもかまいません。	Mado o aketemo kamaimasen.	*Sie dürfen das Fenster aufmachen.*
窓を開けることができる。	Mado o akeru koto ga dekiru.	*Sie können das Fenster aufmachen.*

Für den schriftlichen Gebrauch gibt es das Wort *Erlaubnis*: 許可 kyoka.

Im Reisepass steht z.B. Folgendes:

入国を許可する。	Nyūkoku o kyoka suru.	*Einreise erlaubt.*

Das Verbot 禁止(きんし)

Es gibt mehrere Möglichkeiten, ein Verbot auszudrücken. Da das Satzmuster mit **-na** sehr streng und grob klingt, greift man oft auf höflichere Formulierungen zurück.

Satzmuster: Grundform + na

Dieser Ausdruck wird hauptsächlich von Männern, von Älteren zu Jüngeren, von Vorgesetzten zu Untergebenen oder unter Gleichgestellten nur privat benutzt.

ぐずぐずするな。	Guzuguzu suruna.	*Mach nicht so langsam!*
危険。ここに入るな。	Kiken. Koko ni hairuna.	*Gefahr. Hier nicht hereinkommen!*

Höflichere Formulierungen mit der Bedeutung ***nicht dürfen***:

ikenai	wörtlich: *es geht nicht, wenn...* (von ikeru: *gehen*)
naranai	wörtlich: *es wird nichts, wenn...* (von naru: *werden*)
dame da	unmöglich, undenkbar, nutzlos
komaru	verlegen sein, in einer schwierigen Lage sein
yō ni	um... zu + Infintiv, damit...

te-Form + wa ikenai/ikemasen (höflicher)

ここでたばこを吸ってはいけません。	Koko de tabako o sutte wa ikemasen.	*Sie dürfen hier nicht rauchen.*

te-Form + wa naranai/narimasen (höflicher)

ここでたばこを吸ってはなりません。	Koko de tabako o sutte wa narimasen.	*Man darf hier nicht rauchen.*

te-Form + wa dame da (grob)/dame desu (höflicher)

ここでたばこを吸ってはだめです。	Koko de tabako o sutte wa dame desu.	*Das geht nicht, dass Sie hier rauchen.*

te-Form <u>Passiv</u> + wa komaru (sanft)/komarimasu (höflicher)

ここでたばこを吸われては困る。	Kokode tabako o suwarete wa komaru.	*Ich leide, wenn Sie rauchen.*

nai-Form + yō ni (-shinasai/-shite kudasai)

Ein Arzt zu einem Patienten:

体を冷やさないように。	Karada o hiyasanai yōni.	*Sie sollen den Körper nicht abkühlen lassen.*

nai-Form + koto

Ein Arzt zu einem Patienten:

薬を飲むのを忘れないこと。	Kusuri o nomu no o wasurenai koto.	*Bitte vergessen Sie nicht, die Medikamente einzunehmen.*

Schriftlich

Die Schriftzeichen 禁止 kinshi bedeuten *Verbot*.

この建物への立ち入りを禁止する。	Kono tatemono e no tachiiri o kinshi suru.	*Es ist verboten, dieses Gebäude zu betreten.*

Die Pflicht 義務 (müssen und nicht müssen)

müssen

Die Ausdrücke für die Pflicht werden aus der Negationsform -nai gebildet:

suru ▶ shinai ▶shin**akereba** naranai/ikenai
suru ▶ shinai ▶shin**akute** wa naranai/ikenai

Die Endung -**nakereba** ist die verneinte Konditionalform und bedeutet wörtlich: *wenn es nicht so ist, dann....*, während -**nakute** die einfache Verneinung mit der **te**-Form ist und zusammen mit **naranai** bzw. **ikenai** wörtlich bedeutet: *es geht nicht, dass... nicht...* Im höflichen Sprachstil heißt es statt **naranai** ▶ **narimasen** bzw. **ikenai** ▶ **ikemasen**.

Eine **allgemeine Pflicht** unabhängig vom Willen des Sprechers oder Angesprochenen wird mit dem Verb **-naranai** ausgedrückt.

私は宿題をしなければならない。	Watashi wa shukudai o shinakereba naranai.	*Ich muss die Hausaufgaben machen.*

Der **Wille** oder die **Entscheidung des Sprechers** kommt mit dem Verb **-ikenai** zum Ausdruck. Diese Formulierungen sind insgesamt etwas **stärker** als die obigen Ausdrücke.

あなたは残らなければいけない。	Anata wa nokoranakereba ikenai.	*Sie müssen bleiben.*

Neutral-höfliche Form + -beki da
Wörtlich bedeutet die Formulierung: es ist richtig, so zu handeln.
D. h. *Sie müssen so handeln!*

Verneinung:
Neutral-höfliche Form + -beki dewa nai
Wörtlich bedeutet die Formulierung: es ist nicht richtig, so zu handeln!
D. h. *Sie dürfen nicht so zu handeln!*

あなたは、残るべきです。	Anata wa nokoru beki desu.	*Sie müssen bleiben.*

nicht müssen 不必要（ふひつよう）

Die Befreiung von der Pflicht wird ebenfalls von der Negationsform abgeleitet.
suru ▶ shinai ▶ shinakute mo ii *nicht tun müssen*

Wörtlich bedeutet die Formulierung: *es ist gut, auch wenn nicht ...*

Ein Angebot und die verneinte Antwort:

家まで送りましょうか。	Uchi made okurimashō ka.	*Soll ich Sie bis nach Hause begleiten?*
いいえ、けっこうです。送らなくてもいいですよ。	Iie, kekkō desu. Okura-nakutemo ii desu yo.	*Nein, danke. Sie müssen mich nicht begleiten.*

Das Präsumtiv (Vermutung) 推量（すいりょう）

Bei einer Vermutung gibt es verschiedene Nuancen je nach Meinung des Sprechers und der Wahrscheinlichkeit des beschriebenen Sachverhalts.

Neutral-höfliche Form + to omou

Hier wird eine schwächere Vermutung ausgedrückt.
Diese Form wird auch für die Äußerung der eigenen Meinung verwendet.

明日雨が降ると思う。	Ashita ame ga furu to omou.	*Ich glaube, dass es morgen regnet.*

Neutral-höfliche Form + kamo shirenai/shiremasen (höflich)

Die Formulierung -**kamo shirenai** wird verwendet, wenn die Möglichkeit zu etwas besteht. (Umgangsprachlich wird **shirenai** weggelassen)

明日雨が降るかもしれない。	Ashita ame ga furu kamo shirenai.	*Es ist möglich, dass es morgen regnet.*

Neutral-höfliche Form + ni chigainai

Eine sichere Vermutung wird mit -**ni chigainai** ausgedrückt.

明日雨が降るに違いない。	Ashita ame ga furu ni chigainai.	*Ich bin sicher, dass es morgen regnet.*

Neutral-höfliche Form + darō/deshō (höflich)

Mit **darō** bzw. **deshō** wird das Futur gebildet und entsprechend groß ist hier die Wahrscheinlichkeit des Eintretens des beschriebenen Sachverhalts.

明日雨が降るだろう。	Ashita ame ga furu darō.	*Morgen wird es regnen.*

Neutral-höfliche Form + mitai da

Die Vermutung kommt durch die direkte Erfahrung des Sprechers (der Sprecher hat selbst etwas gesehen, gehört o.Ä.).

In diesem Beispiel hat der Sprecher am Nachthimmel keinen Stern gesehen und vermutet daher:

明日雨が降るみたいだ。	Ashita ame ga furu mitai da.	*Es sieht so aus, als ob es morgen regnet.*

Neutral-höfliche Form + yō da

Die Form **yō da** drückt ebenfalls eine Erfahrung des Sprechers aus. Es ist ein Synonym zu der vorherigen Form **mitai da**, wird jedoch eher in der Schriftsprache gebraucht. Das Wort **yō** kommt ursprünglich von dem Nomen yōsu *Aussehen*.

この仕事は簡単だ。子供にでもできるようだ。	Kono shigoto wa kantan da. Kodomo ni demo dekiru yō da.	*Die Arbeit ist leicht. Sie sieht so aus, als ob sie sogar ein Kind könnte.*

Meinung und Vorhaben 意見(いけん)と予定(よてい)

Eine Meinung wird mit dem Verb 思う omou zum Ausdruck gebracht.

Der Sprecher äußert sich folgendermaßen:
Satz im neutral-höflichen Stil + to omou/omoimasu

(私は)中村さんが来ると思います。	(Watashi wa) Nakamura-san ga kuru to omoimasu.	*Ich glaube, dass Frau Nakamura kommt.*

Die Meinung einer dritten Person beschreibt man mit:
A-san wa + Satz im neutral-höfliche Stil + to omotte-imasu

高野さんは、伊藤さんがパーティーに来ると思っています。	Takano-san wa, Itō-san ga pātī ni kuru to omotte-imasu.	*Herr Takano glaubt, dass Frau Itō zur Party kommt.*

Bei einem Vorhaben gibt es zwei Stufen der Wahrscheinlichkeit.

Eine Absicht wird mit **tsumori da** beschrieben. Es wird entweder an die Grundform des Verbs oder an die Negationsform angeschlossen.

私は東京に行くつもりだ。	Watashi wa tōkyō ni iku tsumori da.	*Ich habe vor, nach Tokyo zu fahren.*
私は東京に行かないつもりだ。	Watashi wa tōkyō ni ikanai tsumori da.	*Ich habe vor, nicht nach Tokyo zu fahren.*

Besteht bereits ein fester Plan für eine Aktivität, nimmt man yotei da.

中野さんは、来週の金曜日に出張する予定だ。	Nakano-san wa raishū no kinyōbi ni shutchō suru yotei da.	*Frau Nakano plant, am Freitag nächster Woche eine Geschäftsreise zu machen.*
中野さんは、来週の金曜日に出張しない予定だ。	Nakano-san wa raishū no kinyōbi ni shutchō shinai yotei da.	*Frau Nakano plant, am Freitag nächster Woche keine Geschäftsreise zu machen.*

Das Hörensagen 伝聞 (でんぶん)

Eine Sache, die man gehört oder gelesen hat, kann man mit dem Satzmuster **sō da** im Anschluss an das Gehörte oder Gelesene beschreiben. Dieser Teil endet mit der Grundform im neutral-höflichen Stil.

彼は、来月引越しするそうだ。	Kare wa raigetsu hikkoshi suru sō da.	*Ich habe gehört, dass er nächsten Monat umziehen wird.*

Das Konditional 条件 (じょうけん)

Es gibt mehrere Möglichkeiten, um zwei Sätze mit einer Bedingung zu verknüpfen.

Der 1.Satz mit der Bedingung	+ -ba + -to + -nara + -tara + -temo	Der 2.Satz mit der Folge

雨が降れば、ジョギングをしない。	Ame ga fureba, jogingu o shinai.	*Wenn es regnet, jogge ich nicht.*
雨が降ると道がぬかるみになる。	Ame ga furu to, michi ga nukarumi ni naru.	*Wenn es regnet, wird die Straße schlammig.*
雨が降るなら、私は、ジョギングをしない。	Ame ga furunara, watashi wa jogingu o shinai.	*Wenn es regnet, jogge ich jedenfalls nicht.*
雨が降ったらジョギングを止めましょう。	Ame ga futtara, jogingu o yamemashō.	*Wenn es regnet, hören wir mit dem Joggen auf.*
雨が降ってもジョギングをする。	Ame ga futtemo, jogingu o suru.	*Wenn es regnet, jogge ich trotzdem.*

Nach dieser Übersicht werden nun die Bildung und die Unterschiede zwischen den einzelnen Formen erklärt.

Der Gebrauch von -ba

Der Konditionalsatz mit -**ba** drückt einen logischen Gedanken aus.
Die Konditionalform mit -**ba** wird wie folgt gebildet.

Verb	-u ▶ -eba	iku	▶	ikeba	*wenn ich gehe*
I-Adjektiv*	-i ▶ -kereba	takai	▶	takakereba	*wenn es teuer ist*
Na-Adjektiv	na ▶ naraba	genki na	▶	genki naraba	*wenn er gesund ist*
Nomen	da ▶ naraba	byōki da	▶	byōki naraba	*wenn er krank ist*

(*Ausnahme: ii ▶ yokereba *gut*)

! Eine schon geschehene Tatsache wird nicht mit -ba ausgedrückt.

! Der zweite Satzteil beinhaltet normalerweise nicht den Willen, die Hoffnung, den Befehl oder die Bitte des Sprechers, außer wenn das Prädikat des ersten Satzes einen Zustand ausdrückt (wie Adjekiv, V-te-iru, V-te-aru).

八時発の電車に乗れば、大学に九時に着きます。	Hachiji hatsu no densha ni noreba, daigaku ni kuji ni tsukimasu.	*Wenn ich den Zug, der um 8 Uhr abfährt, nehme, komme ich um 9 Uhr an der Uni an.*

hanjitsukasō 反実仮想 *irreale Bedingungen*

Wenn eine Bedingung nicht zu erfüllen ist, wird im zweiten Satzteil die unerfüllbare Folge mit **noni** ausgedrückt. Man kann diese irreale Bedingung auch mit **tara** bzw. **nara** ausdrücken.

八時発の電車に乗れば、大学に九時に着くのに。	Hachiji hatsu no densha ni noreba, daigaku ni kuji ni tsuku noni.	*Wenn ich den Zug, der um 8 Uhr abfährt, nähme, würde ich um 9 Uhr an der Uni ankommen.*

Dieser Satz beschreibt, dass die Aktion noch nicht passiert ist, aber es ist abzusehen, dass die erste Bedingung nicht erfüllt werden wird und deshalb die Folge nicht eintreten kann.

八時発の電車に乗っていれば、大学に九時に着いたのに。	Hachiji hatsu no densha ni notte-ireba, daigaku ni kuji ni tsuita noni. (tsuita darō ni)	*Wenn ich den Zug, der um 8 Uhr abfährt, genommen hätte, wäre ich um 9 Uhr an der Uni angekommen.*

Im zweiten Beispiel ist die Aktion bereits passiert, das Verb im Folgesatz steht in der Vergangenheit.

Der Gebrauch von to

Für chronologisches Geschehen, reale allgemeine Bedingungen, und auch für sich wiederholendes Geschehen benutzt man -**to**.

Verb	-ru/-u	+ to	iku to	*wenn ich gehe*
I-Adjektiv	-i	+ to	furui to	*wenn es alt ist*
Na-Adjektiv	da	+ to	genki da to	*wenn er gesund ist*
Nomen	da	+ to	sensei da to	*wenn er Lehrer ist*

春になると、花が咲く。	Haru ni naru to, hana ga saku.	*Wenn es Frühling wird, blühen die Blumen.*
私はお酒を飲むと、いつも眠くなる。	Watashi wa o-sake o nomu to, itsumo nemuku naru.	*Wenn ich Alkohol trinke, werde ich immer müde.*

Der Gebrauch von nara

Mit der Form -nara hat der Sprecher bezüglich der Bedingung keine Verantwortung oder keinen Einfluß, kann aber über die Folge bestimmen.

Verb	-ru/-u	+ nara	iku nara	*wenn ich gehe*
I-Adjektiv	-i	+ nara	furui nara	*wenn es alt ist*
Na-Adjektiv		+ nara	genki nara	*wenn er gesund ist*
Nomen		+ nara	sensei nara	*wenn er Lehrer ist*

あなたが行くなら、私も行く。	Anata ga iku nara, watashi mo iku.	*Wenn Du gehst, gehe ich auch.*
あなたの都合が悪いなら、この予定を中止しましょう。	Anata no tsugō ga warui nara, kono yotei o chūshi shimashō.	*Wenn Ihnen die Umstände nicht passen, führen wir den Plan nicht aus.*

Der Gebrauch von -tara

Mit dieser Form betrachtet man die Ursache und das Ergebnis. Die Betonung auf die Bedingung ist stärker als im Konditionalsatz mit **to.**

Im Folgesatz kann man den Willen des Sprechers beliebig ausdrücken.

Verb	ta-Form	+ ra	ittara	*wenn ich gehe*
I-Adjektiv	-katta	+ ra	furukattara	*wenn es alt ist*
Na-Adjektiv	datta	+ ra	genki dattara	*wenn er gesund ist*
Nomen	datta	+ ra	sensei dattara	*wenn er Lehrer ist*

! Mit -**tara** kann man keine Wiederholungen oder Gewohnheiten ausdrücken.

押したら、開いた。	Oshitara doa ga aita.	*Ich drückte und dann ging die Tür auf.*
空港に着いたら、お電話をください。迎えに行きます。	Kūkō ni tsuitara odenwa o kudasai. Mukae ni ikimasu.	*Wenn Sie am Flughafen ankommen, dann rufen Sie mich bitte an. Ich hole Sie ab.*

Der Gebrauch von temo

Mit -**temo** drückt man Bedingungen aus, die eigentlich gegen die Folge wirken. Im Deutschen wird es mit *trotzdem* oder *auch wenn* übersetzt.

Verb	te-Form	+ mo	ittemo	*auch wenn ich gehe*
I-Adjektiv	-kute	+ mo	furukutemo	*auch wenn es alt ist*
Na-Adjektiv	de	+ mo	genki demo	*auch wenn er gesund ist*
Nomen	de	+ mo	sensei demo	*auch wenn er Lehrer ist*

行ってもお金がかからない。	Ittemo o-kane ga kakaranai.	*Auch wenn Sie hingehen, kostet es kein Geld.*
古くても、使う。	Furukutemo tsukau.	*Auch wenn es alt ist, benutze ich es.*

11 Die Konjunktion
せつぞくし
接続詞

In diesem Kapitel geht es um die Konjunktionen, die zwei Sätze oder Satzteile miteinander verbinden. Erst werden die Konjunktionen vorgestellt, die in den vorderen Satz integriert werden. Als zweites kommen die Konjunktionen, die am Anfang des zweiten Satzes stehen. Konjunktionen zur Verknüpfung von Nomen werden bei den Partikeln in Kapitel 3 vorgestellt. Die Aufzählung mehrerer Handlungen wird mit der te-Form der Verben in Kapitel 8 behandelt.

Konjunktionen für Satzerweiterung

Man unterscheidet die Konjunktionen danach, in welchen Zusammenhang die verbundenen Sätze gestellt werden. Die kopulative Satzerweiterung bedeutet eine Aneinanderfügung von zwei Aussagen. Wird in den Sätzen eine Begründung, eine Folge oder Bedingung ausgedrückt, spricht man von einer kausalen Satzerweiterung. Bei den temporalen Satzerweiterungen besteht ein zeitlicher Zusammenhang zwischen dem Geschehen im ersten und zweiten Satz.

Die japanischen Konjunktionen setzen unterschiedliche Verbformen voraus, manche folgen einem Verb in masu-Form ohne masu, andere einem Verb in neutral-höflicher Form. Wie die Beispiele zeigen, können Konjunktionen auch direkt an ein Nomen oder sogar an ein i-Adjektiv oder ein Na-Adjektiv angeschlossen werden.

Hier noch einmal die Abkürzungen in der Übersicht:

V: Verb in neutral-höflicher Form
V(-masu): Verb in masu-Form ohne -masu
V-ru: Verb in neutral-höflicher Form in der Gegenwart
V-ta: Verb in neutral-höflicher Form in der Vergangenheit
N: Nomen
Na: Na-Adjektiv Stamm
A: i-Adjektiv Stamm

Kopulative Satzerweiterung

te-Form *und*

あの日　私は友達と夜まで話をして、家に帰った。	Ano hi watashi wa tomodachi to yoru made hanashi o shite, uchi ni kaetta.	*An dem Tag habe ich mit den Freunden bis spät in die Nacht gesprochen und bin (dann) nach Hause gegangen.*

ga, Hauptsatz *aber*
V/A-i ga
N/Na daga

その時計は高かったが、あまりよくなかった。	Sono tokei wa takakatta ga, amari yoku nakatta.	*Die Uhr war teuer, aber sie war nicht so gut.*

ga/keredo mo *und/aber*

(keredo mo heißt umgangsprachlich: keredo, kedo)

会社は神戸にありますが、自宅は大阪です。	Kaisha wa Kobe ni arimasu ga, jitaku wa Ōsaka desu.	*Meine Firma liegt in Kobe, aber mein Haus liegt in Osaka.*

Vor einer Bitte:

すみませんが、ここにサインをお願いします。	Sumimasen ga, koko ni sain o onegai shimasu.	*Entschuldigung, unterschreiben Sie hier, bitte.*

Vorbemerkung: z.B. im Telefongespräch

船津と申しますが、明子さんをお願いします。	Funatsu to mōshimasu ga, Akiko-san o onegai shimasu.	*Hier spricht Funatsu, Akiko, bitte.*

Satz 1, soretomo/mata wa/arui wa + Satz 2: *oder*
N1, soretomo N2: *oder*
N1 mata wa/arui wa Satz: *oder*
N1 ka N2: *oder*

ワインがいいですか、それともビールがいいですか。	Wain ga ii desu ka, soretomo bīru ga ii desu ka.	*Möchten Sie Wein trinken oder lieber Bier?*
ワイン、それともビール？	Wain, soretomo bīru?	*Wein oder Bier?*
ワインまたはビールがあります。	Wain mata wa bīru ga arimasu.	*Es gibt Wein oder Bier.*
ワインかビールがあります。	Wain ka bīru ga arimasu.	*Es gibt Wein oder Bier.*

Kausale Satzerweiterung

kara *weil*
V/A-i kara
N/Na dakara

Nach einer persönlichen Einschätzung des Sprechers steht **kara**. Danach folgt oft eine Bitte, ein Befehl, eine Vermutung oder ein Wunsch.

もう遅いから家に帰ろう。	Mō osoi kara uchi ni kaerō.	*Weil es schon spät ist, lasst uns nach Hause gehen.*

node *weil*
V/A-i node
N/Na nanode (Umgangsprachlich: **nande**)

Vor **node** steht ein Grund oder eine Ursache, danach folgen ein Ergebnis, eine Tatsache oder ein erwartetes Geschehen. Man nimmt **node**, wenn der Grund objektiv bestätigt werden kann. Deswegen wird **node** oft für die Ausrede oder den Grund der Ablehnung benutzt. Im hinteren Satz folgt die Tatsache oder etwas, was sicher geschehen wird.

電車が遅れたので、遅くなってしまいました。	Densha ga okureta node, osoku natte shimaimashita.	*Weil der Zug Verspätung hatte, ist es leider spät geworden.*

shi *weil*
V/A-i/Na-da

Die Nuance ist, dass es mehrere Gründe gibt, die aber nicht alle erwähnt werden.

きれいですし、音楽もいいですし、あの喫茶店はいいですよ。	Kirei desu shi, ongaku mo ii desu shi, ano kissaten wa ii desuyo.	*Weil es schön ist und weil auch die Musik gut ist, ist das Café toll.*

In der gesprochenen Sprache kann ein Satz mit **ga** oder **shi** aufhören. Das bedeutet eine Zurückhaltung des Sprechers, weil der Gesprächspartner sich den Rest des Satzes ausmalen kann.

Temporale Satzerweiterung

Für die temporale Satzerweiterung **toki** gibt es im Deutschen zwei Übersetzungsmöglichkeiten.

Steht vor **toki** eine Gegenwartsform, bedeutet es *wenn* oder *bevor*, bei der Vergangenheitsform heißt **toki** *als*.

toki *wenn*
V-ru toki
A-i toki
Na-na toki
N no toki

日本人は和食を食べるとき、はしを使います。	Nihonjin ga washoku o taberu toki hashi o tsukaimasu.	*Wenn Japaner japanisch essen, benutzen sie die Stäbchen.*

toki *bevor*

家を出るとき、電気を消します。	Uchi o deru toki, denki o keshimasu.	*Bevor man das Haus verläßt, schaltet man das Licht aus.*

toki *als*
V-ta toki
A-katta toki
N/Na datta toki
N no toki

私が子どもだったとき、漫画家になりたかった。	Watashi ga kodomo datta toki, mangaka ni naritakatta.	*Als ich ein Kind war, wollte ich Manga-Zeichner werden.*

mae ni *bevor*
V-ru mae ni/N no mae ni

寝る前に歯を磨きます。	Neru mae ni ha o migakimasu.	*Bevor man schlafen geht, putzt man die Zähne.*

aida *während* (in der ganzen Zeitspanne)
V-ru/V-te-iru aida　　Na-na aida
A-i aida　　N no aida

食事をしている間は、テレビをつけません。	Shokuji o shite-iru aida wa, terebi o tsukemasen.	*Während ich eine Mahlzeit zu mir nehme, schalte ich nicht den Fernseher an.*

-nagara: *während* (gleichzeitig)
V(-masu) -nagara

弟は、ラジオを聞きながら勉強する。	Otōto wa rajio o kiki-nagara benkyō-suru.	*Mein jüngerer Bruder hört Radio, während er lernt.*

uchi ni: *während, innerhalb*
V-ru/V-te-iru uchi ni　　Na-na uchi ni
A-i uchi ni　　N no uchi ni

子どもが学校に行っている内に買い物に行く。	Kodomo ga gakkō ni itte-iru uchi ni, kaimo-no ni iku.	*Während mein Kind in der Schule ist, gehe ich einkaufen.*

V (nai-Form) + uchi ni *bevor*

冷めない内に食べてください。	Samenai uchi ni tabete kudasai.	*Essen Sie bitte, bevor das Essen kalt wird.*

Im Japanischen steht im Nebensatz das Verb in der Negationsform, im Deutschen nicht.

Japanischen Verbindungswörter nach Nomen sind im Deutschen keine Konjunktionen.

-jū *innerhalb* (nur nach Nomen)

Irgendwann innerhalb einer vorgegebenen Zeitspanne.

今日中に届けてください。	Kyōjū ni todokete ku-dasai.	*Liefern Sie es bitte noch heute aus.*

made *bis (durchgehend)*
V-ru made/N made

明日までここにいてください。	Ashita made koko ni ite kudasai.	*Bleiben Sie bitte bis morgen hier.*

made ni *bis (zum Zeitpunkt)*
V-ru made ni/N made ni

これを金曜日までに届けてください。	Kore o Kinyōbi made ni todokete kudasai.	*Liefern Sie dieses bitte bis Freitag!*

ato de *nachdem*
V-ta ato de/ni
N no ato de/ni

食事の後で歯を磨く。	Shokuji no ato de ha o migaku.	*Nach dem Essen putzt man die Zähne.*

kara *nachdem*
V (te-Form) + kara

病院に行ってから、会社に行く。	Byōin ni itte kara, kaisha ni iku.	*Nachdem ich zur Arztpraxis gegangen bin, gehe ich zur Firma.*

Konjunktionen für Satzverknüpfung

Mit den folgenden Konjunktionen kann man zwischen zwei Sätzen eine enge inhaltliche Bindung herstellen. Sie bleiben aber weiterhin grammatikalisch als vollständige Sätze bestehen. Nach der Konjunktion steht oft das japanische Komma, **ten** genannt. Im Deutschen verschmelzen die Sätze oft zu einem Satz.

soshite *und, dann*

私はドイツの人、町が好きだ。そして、食べ物も好きだ。	Watashi wa doitsu no hito, machi ga suki da. Soshite, tabemono mo suki da.	*Ich mag die Leute in Deutschland, die Städte in Deutschland und ich mag auch das Essen.*
私は銀座に行く。そして、友達に会う。	Watashi wa Ginza ni iku. Soshite, tomodachi ni au.	*Ich gehe zur Ginza, dann treffe ich meine Freunde.*

sorekara *und danach* „te-Form, **sorekara**" ist auch möglich.

私は田中さんの家に行きます。それから、上田さんの家に行きます。	Watashi wa Tanaka-san no uchi ni ikimasu. Sorekara, Ueda-san no uchi ni ikimasu.	*Ich gehe zum Haus von Frau Tanaka. Danach gehe ich zu Frau Ueda.*

demo *aber*

それは、安い。でも、私はそれを買わない。	Sore wa yasui. Demo, watashi wa sore o kawanai.	*Es ist billig. Aber ich kaufe es nicht.*

keredomo/keredo *aber*

私は一人ぼっちだった。けれども、さみしくなかった。	Watashi wa hitoribotchi datta. Keredomo, samishiku nakatta.	*Ich war ganz allein. Aber ich fühlte mich nicht einsam.*

shikashi (etwas schriftlich) *aber*

彼はお金がある。しかし、彼は時間がない。	Kare wa okane ga aru. Shikashi, kare wa jikan ga nai.	*Er hat Geld. Aber er hat keine Zeit.*

soredemo *trotzdem, jedoch*

恵子はけがをしていた。それでも、彼女は学校に来た。	Keiko wa kega o shiteita. Soredemo kanojo wa gakkō ni kita.	*Keiko war verletzt. Trotzdem ist sie zur Schule gekommen.*

sono ue *außerdem, dazu*

恵子はけがをしていた。その上、熱があった。	Keiko wa kega o shiteita. Sono ue netsu ga atta.	*Keiko war verletzt. Dazu hatte sie noch Fieber.*

sore ni *außerdem*

田中さんの家は、広い。それに明るい。	Tanaka-san no uchi wa hiroi. Sore ni akarui.	*Herr Tanakas Haus ist groß. Außerdem ist es hell.*

mata wa *oder*

ボールペンで書いてください。または、サインペンで書いてください。	Bōrupen de kaite kudasai. Mata wa sainpen de kaite kudasai.	*Bitte schreiben Sie mit einem Kugelschreiber. Oder schreiben Sie mit dem Filzstift.*

arui wa *oder/vielleicht*

彼が大学に来ない。病気かもしれない。あるいは、京都の実家に帰ったのかもしれない。	Kare ga daigaku ni konai. Byōki kamo shirenai. Arui wa, Kyōto no jikka ni kaetta no kamo shirenai.	*Er kommt nicht zur Uni. Es kann sein, dass er krank ist. Oder dass er nach Kyoto heimgefahren ist.*

dakara *daher, folglich, darum*

彼は絵を描くのが好きだった。だから、彼は画家になった。	Kare wa e o kaku no ga suki datta. Dakara, kare wa gaka ni natta.	*Er malte gerne. Daher wurde er Kunstmaler.*

12 Der Höflichkeitsausdruck

敬語（けいご）

In der japanischen Gesellschaft ist der Höflichkeitsausdruck sehr wichtig. Durch ihn kommt die Achtung vor dem Gegenüber zum Ausdruck.

Der Höflichkeitsausdruck zeigt sich im Redestil und in der Anrede, durch Höflichkeitspräfixe und spezielle Höflichkeits- und Bescheidenheitsverben.

Redestil

Den neutral-höflichen bzw. höflichen Redestil kann man z.T. mit dem deutschen Duzen und Siezen vergleichen.

Der größte Unterschied zwischen dem deutschen und japanischen Höflichkeitsausdruck ist, dass zwischen unterschiedlichen Hierarchien selbst nach enger und langer Beziehung grundsätzlich gegenüber Höhergestellten nicht vom Sie zum Du, d.h., vom höflichen zum neutral-höflichen Stil gewechselt wird. Das Alter spielt dabei eine wichtige Rolle! Auch nach langer Bekanntschaft spricht der jüngere Gesprächspartner mit dem Älteren immer im höflichen Stil.

In dem Fall, dass der Jüngere zum Älteren im neutral-höflichen Stil spricht, bedeutet das, dass die Beziehung zwischen beiden so nah ist und der Ältere diese Unhöflichkeit akzeptiert.

Dies passiert aber oft nur im privaten Gesprächsbereich. Im geschäftlichen Umfeld sollte der Jüngere immer höflich sprechen.

Im Folgenden wird versucht, bezugnehmend auf das deutsche Siezen (höflich: desu-masu Stil) und Duzen (neutral: neutral-höflicher Stil), das japanische Höflichkeitssystem möglichst einfach aufzuzeigen.

Unter Gleichrangigen

Person A – Person B

Fremd oder bekannt		Nähere Beziehung
Person A zu Person B: Siezen (desu-masu Stil) Person B zu Person A: Siezen (desu-masu Stil)	▶	Person A zu Person B: Duzen (neutral-höflicher Stil) Person B zu Person A: Duzen (neutral-höflicher Stil)

Bei unterschiedlichem Rang

Person A ist älter, der Chef oder ein wichtiger Kunde von Person B.

Fremd oder bekannt		Nähere Beziehung
Person A zu Person B: Siezen (desu-masu Stil) Person B zu Person A: Siezen (desu-masu Stil)	▶	Person A zu Person B: Duzen (neutral-höflicher Stil) Person B zu Person A: Siezen (desu-masu Stil)

Neben dem Alter spielt der Grundgedanke von **uchi** und **soto** eine wichtige Rolle bei der Wahl der passenden Höflichkeitsform. **Uchi** bedeutet wörtlich *innen* und meint den Umkreis, dem man angehört, z.B. die eigene Familie, die Firma, in der man arbeitet, der Sportverein usw. **Soto** (wörtlich: *außen*) bedeutet entsprechend das Gegenteil, nämlich die Außenwelt, die Gruppe, der man nicht angehört. Bevor man spricht, achtet man darauf, zu welcher Gruppe der Gesprächspartner gehört.

Dazu ein Beispiel:

Ein Angestellter spricht zu seinem Chef. Eine Situation innerhalb der gleichen Gruppe, aber er spricht höflich, weil es der Vorgesetzte ist.

Dann spricht er mit dem Kunden. Der Kunde gehört zu **soto**. Der Angestellte spricht zu dem Kunden höflich, egal wie jung der Kunde ist oder welche Position er hat. Während des Gesprächs spricht der Angestellte über den eigenen Chef, eine Person der eigenen Seite und benutzt dabei für den Chef nicht die höfliche Anrede.

Anrede

! Es gibt im Japanischen Anreden, die mit dem deutschen *Frau* und *Herr* vergleichbar sind. Aber es sind Unterschiede zu beachten. Während sich im Deutschen manche mit ihrem Titel (*Ich bin Professor Maier)* nennen, verwendet man diese Anreden in Japan nicht, wenn man von sich selbst spricht. Man nennt immer nur seinen Vor- oder Nachnamen.

Wenn Personen angesprochen werden, bekommen sie abhängig vom Rang unterschiedliche Anreden, die dem Namen nachgestellt werden.

-sama 様 ist eine der höchsten Anreden, die man für Kunden, Gäste und Leute, die in sehr hohen Positionen sind, verwendet. Diese Anrede wird auch allgemein für den Briefkopf und auf dem Briefumschlag verwendet.

-berufsbezogene Anrede: (meistens) Nachname + Anrede

-sensei	benutzt man für Lehrer, Politiker, Rechtsanwalt, etc
-kyōju	*Professor*
-shachō	*Firmenchef*
-buchō	*Abteilungschef*
-kakarichō	*der zweite Abteilungschef*

⇨⇦ Personen mit Doktortitel werden ohne Titel angesprochen.

-san: Nach- oder Vorname + **san**

Dies ist eine allgemeine Anrede für Erwachsene, allgemeine Anrede für Mädchen, wird aber auch hinter der Berufsbezeichnung benutzt.
Beispiel: denkiya-**san** *Elektriker;* o-mawari-**san** *Polizist*

-kun: Nach- oder Vorname + **kun**

Man findet -kun als allgemeine Anrede für Jungen oder bei Erwachsenen als Anrede für Unterrangige.

-chan: (meistens) Vorname + **chan**

Die Anrede für Kinder, auch unter den Kindern selbst verwendet, drückt Sympathie, Innigkeit, Herzlichkeit des Sprechers der angesprochenen Person gegenüber aus. Bei Erwachsenen benutzt, kann auch der Nachname + **chan** verwendet werden.

Beispiel: Herr Yamada, der Chef einer Firma, dessen Sekretärin und ein Kunde. Die Sekretärin spricht Herrn Yamada endweder als Yamada-shachō (*Herr Chef Yamada*) oder Yamada-san (*Herr Yamada*) an.

Kunde:	Moshimoshi. A-sha no Hayashi desu ga, Yamada-san wa irasshaimasu ka.	*Hallo. Hier spricht Hayashi von der Firma A. Ist Herr Yamada anwesend?*
Sekretärin	Mōshiwake gozaimasen. Tadaima Yamada wa seki o hazushite-orimasu.	*Entschuldigung. Er ist nicht an seinem Platz.*

Dann kommt Herr Yamada zurück. Die Sekretärin sieht ihn.

Sekretärin	Tadaima Yamada ga modo-rimashita. Shōshō o-machi-kudasai.	*Jetzt gerade ist Herr Yamada zurückgekommen. Bitte warten Sie einen Augenblick.*

Die Sekretärin informiert gleich den Chef.

Sekretärin:	Yamada-shachō, Hayashi-sama kara o-denwa desu.	*Chef Yamada, Herr Hayashi ist am Apparat.*
Yamada:	Wakatta. Sugu tsunaidekure.	*Ok. Verbinden Sie sofort.*
Sekretärin:	Hai, wakarimashita.	*Ja, das tue ich.*

Die Unterstreichungen bedeuten Höflichkeitsausdrücke, die später ausführlich behandelt werden.

Verwandtschaftsbezeichnungen

Bei den Verwandtschaftsbezeichnungen kommt das Prinzip von **soto** und **uchi** wieder zum Ausdruck. (▶ Redestil)

1) Wenn man über die eigene Familie spricht, benutzt man die Bezeichnungen aus der Spalte **uchi** *eigene Verwandtschaft* aus der nachfolgenden Tabelle.

私の父は、東京出身です。	Watashi no chichi wa Tōkyō shusshin desu.	*Mein Vater kommt aus Tokyo.*

2) Wenn man über die Familie und die Verwandten von anderen spricht, nimmt man die Bezeichnungen von der Spalte **soto** *Verwandtschaft von anderen*.

田中さんのお父さんは、どこにお勤めですか。	Tanaka-san no otōsan wa doko ni otsutome desu ka.	*In welcher Firma arbeitet der Vater von Frau Tanaka?*

3) Wenn man direkt die betroffene Person vor sich hat und sie anspricht, benutzt man dabei die Bezeichnungen aus der Spalte „direkte Anrede".

お父さん、お茶が入りました。	Otōsan, ocha ga hairimashita.	*Vater, der Tee ist fertig.*

Tabelle der Familien- und Verwandtschaftsbezeichnungen und der Anrede

soto *Verwandtschaft von anderen*	**uchi** *eigene Verwandtschaft*	**Direkte Anrede**	
gokazoku 御家族	kazoku 家族	–	*Familie*
goshinseki 御親戚	shinseki 親戚	–	*Verwandten*
goshujin 御主人	shujin 主人	–	*Ehemann*
okusan 奥さん	kanai 家内	–	*Ehefrau*
goryōshin ご両親	ryōshin 両親	–	*Eltern*
otōsan お父さん	chichi 父	otōsan	*Vater*
okāsan お母さん	haha 母	okāsan	*Mutter*
okosan お子さん	kodomo 子ども	(Name)	*Kind*
musukosan	musuko 息子	–	*Sohn*
musumesan	musume 娘	–	*Tochter*
gokyōdai御兄弟	kyōdai 兄弟	–	*Geschwister*
goshimai 御姉妹	shimai 姉妹	–	*Schwestern*
onīsan お兄さん	ani 兄	onīsan	*älterer Bruder*
onēsan お姉さん	ane 姉	onēsan	*ältere Schwester*
otōtosan 弟さん	otōto 弟	(Name)	*jüngerer Bruder*
imōtosan 妹さん	imōto 妹	(Name)	*jüngere Schwester*
ojīsan おじいさん	sofu 祖父	ojīchan	*Großvater*
obāsanおばあさん	sobo 祖母	obāchan	*Großmutter*

soto *Verwandtschaft von anderen*	**uchi** *eigene Verwandtschaft*	**Direkte Anrede**	
–	sofubo 祖父母	–	*Großeltern*
omagosan	mago 孫	(Name)	*Enkel*
ojisan	oji おじ	ojisan	*Onkel*
obasan	oba おば	obasan	*Tante*
oigosan 甥子さん	oi 甥	(Name)	*Neffe*
meigosan 姪子さん	mei 姪	(Name)	*Nichte*
itokosan	itoko いとこ	(Name)	*Cousin, Cousine*
giri no onīsan 義理のお兄さん giri no otōto 義理の弟さん	giri no ani (gikei) 義理の兄 (義兄) giri no otōto (gitei) 義理の弟 (義弟)	onīsan (Name)	*Schwager*
giri no ane 義理のお姉さん giri no imoto 義理の妹さん	giri no ane (gishi) 義理の姉 (義姉) giri no imōto (gimai) 義理の妹 (義妹)	onēsan (Name)	*Schwägerin*
oshūto sanお舅さん	shūto 舅	otōsan	*Schwiegervater*
oshūtome san お姑さん	shūtome 姑	okāsan	*Schwiegermutter*
giri no otōsan 義理のお父さん	giri no chichi 義理の父	otōsan	*Stiefvater*
giri no okāsan 義理のお母さん	giri no haha 義理の母	okāsan	*Stiefmutter*

Die Wörter in Klammern sind für den schriftlichen Ausdruck.

(Name): in diesen Fällen wird bei der direkten Anrede meistens nur der Name genannt.

Verschiedene Höflichkeitsausdrücke

Man erreicht einen höflichen Sprachstil durch verschiedene Methoden, die miteinander kombiniert werden können:

- Verschönerung der Ausdrücke: **bikago** 美化語
- Allgemein höfliche Ausdrücke: **teineigo** 丁寧語
- Verben, mit denen man die anderen höher stellt: **sonkeigo** 尊敬語
- Verben, mit denen man sich selbst erniedrigt: **kenjōgo** 謙譲語

Verschönerung

Bikago 美化語 bezieht sich auf die Verschönerung von Nomen und dient einem ästhetischen Sprachgefühl. **Teineigo** 丁寧語 ist die Verschönerung von Verben, es sind allgemein höfliche schöne Ausdrücke für den Zuhörer oder wenn man über eine dritte Person spricht.

Höfliche Kopla und Verbendungen:
Mit ~desu und ~masu am Satzende wird der Satz wohlklingender.

bikago: Mit der Höflichkeitspräfix **o** klingen Nomen schöner.
mizu ▶ omizu *Wasser*
shokuji ▶ oshokuji *Mahlzeit*

teineigo: Mit speziellen Verben bekommen Sätze einen schöneren Klang.
aru ▶ gozaimasu *es gibt, sein, haben*
oru ▶ orimasu *da sein*

Das Wort **oru** hat eine ähnliche Wirkung wie z.B. **kenjōgo**. Man benutzt es deshalb nicht gegenüber Höheren. Aber wenn ein Zustand beschrieben wird, dann ist es von der Bedeutung her wie **teineigo**.

Beispiel: Verb(-te) + orimasu
Okuruma ga matte-orimasu. *Das Auto wartet auf Sie.*

Höfliche Ausdrücke

Höflichkeitsform von Nomina und Adjektiven:

Für den Besitz bzw. Gegenstände (Nomina) von Höhergestellten (Älteren bzw. Vorgesetzen) gibt es die Höflichkeitspräfixe o bzw. go

kaban	▶ okaban	*Tasche*
nimotsu	▶ onimotsu	*Gepäck*
uchi	▶ otaku	*Haus*
kazoku	▶ gokazoku	*Familie*

Ebenso für Adjektive, die sich auf Höhergestellte beziehen:

suki na	▶ osuki na	*mögen*
jōzu na	▶ ojōzu na	*geschickt*
shinsetsu na	▶ goshinsetsu na	*freundlich*

höflicher Ausdruck mit dem Demonstrativ

Für Personen, die in irgendeiner Beziehung zum Höhergestellten stehen.

kono hito	▶ kochira oder ▶ kono kata	*diese Person*
dare	▶ donata	*wer*
doko	▶ dochira	*wo*

Verben des Respekts – sonkeigo

Mit speziellen Verben erweist der Sprecher der Person, von der die Rede ist, seinen Respekt.

suru ▶	nasaru	なさる	*machen, tun* (~ ni nasaru = *bestimmen*)
kuru ▶	irassharu	いらっしゃる	*kommen, gehen, fahren, sein*
taberu ▶	meshiagaru	召し上がる	*essen, trinken*
iu ▶	ossharu	おっしゃる	*sagen*
miru ▶	goran ni naru	ご覧になる	*anschauen*

Beispiel irassharu: *sein, kommen, gehen, fahren*

1) sein

山田さんは、お元気でいらっしゃいますか。	Yamada-san wa ogenki de irasshaimasu ka.	*Herr Yamada, geht es Ihnen gut?*

2) sein

山田社長は、こちらにいらっしゃいます。	Yamada-shachō wa kochira ni irasshaimasu.	*Der Chef Yamada ist hier.*

3) kommen

山田さんは、いつこちらにいらっしゃいますか。	Yamada-san wa itsu kochira ni irasshaimasu ka.	*Wann kommt Herr Yamada hierher?*

4) gehen, fahren

山田社長は、明日熊本にいらっしゃいます。	Yamada-shachō wa ashita Kumamoto ni irasshaimasu.	*Der Chef Yamada fährt morgen nach Kumamoto.*

Andere Verben können durch drei Arten zu Verben von **sonkeigo** werden:

-ni naru (neutral-höflicher Stil)
-ni narimasu (desu-masu Stil)

	O + V (-masu) + ni naru		
u-Verben	hanasu	▶ hanashimasu	▶ ohanashi ni naru
ru-Verben	okiru	▶ okimasu	▶ ooki ni naru
	oshieru	▶ oshiemasu	▶ ooshie ni naru

コピー機をお使いになりますか。	Kopiki o otsukai ni narimasu ka.	*Werden Sie die Kopiermaschine benutzen?*

-reru/-rareru (neutral-höflicher Stil)
-remasu/-raremasu (desu-masu Stil)

u-Verben	Von nai-Form **nai** wegnehmen dann -**reru** anfügen hanasu ▶ hanasanai ▶hanasareru
ru-Verben	Von nai-Form **nai** wegnehmen dann -**rareru** anfügen okiru ▶ okinai ▶ okirareru
unregelmäßig	kuru ▶ korareru suru ▶ sareru

今日は、何について話されますか。	Kyō wa nani ni tsuite hanasaremasu ka.	*Worüber werden Sie sprechen?*

o-desu (desu-masu Form)

u-Verben	**O + V (-masu) + desu** yomimasu ▶ oyomi desu
ru-Verben	oshiemasu ▶ ooshie desu

今は、何の本をお読みですか。	Ima wa, nan no hon o oyomi desu ka.	*Was für ein Buch lesen Sie zurzeit?*
今お帰りですか。	Ima okaeri desu ka.	*Gehen Sie jetzt nach Hause?*

Verben der Bescheidenheit – kenjōgo

Die folgenden Verben sind reine Bescheidenheitsverben, die den Sprecher erniedrigen, wodurch der Gesprächspartner erhoben wird.

suru ▶	itasu	致す	*tun*
iu ▶	mōsu	申す	*sagen*
iku ▶	ukagau	伺う	*kommen, gehen, fahren*
kuru ▶	mairu	参る	*kommen*

o + V(-masu) + suru (neutral-höflicher Stil)
o + V(-masu) + shimasu (desu-masu Stil)

Bei den Verben mit kango: go + kango + suru

(kango ▶ siehe Höflichkeitsausdruck mit **kango**)

machimasu	▶	omachi suru	*warten*
mochimasu	▶	omochi suru	*tragen, bringen*
annai suru	▶	goannai suru	*führen*

Ein Student sagt zu seinem Professor:

ここでお待ちします。	Koko de omachi shimasu.	*Ich warte hier auf Sie.* (höflich)

Eine ältere Dame trägt eine schwer aussehende Tasche. Ein jüngerer Mann bietet seine Hilfe an.

重そうですね。かばんをお持ちしましょうか。	Omosō desu ne. Kaban o omochi shimashō ka.	*Die sieht aber schwer aus. Soll ich die Tasche tragen?*

Höflichkeitsausdruck mit kango 漢語（かんご）

Kango bedeutet *Wort aus dem Chinesischen* und besteht aus mehreren Kanji. Kango, die in Verbindung mit dem Verb **suru** *machen* gebraucht werden, bilden die Höflichkeitsform wie folgt:

Kango:	Verben:	Bedeutung:
kekkon 結婚 *Heirat* shitsumon 質問 *Frage* sotsugyō 卒業 *Graduierung* shitsurei 失礼 *Unhöflichkeit* etc…	~sareru ~nasaru o/go +~ni naru	**Respekt**
	~itasu	**Bescheidenheit**

Für den respektvollen Ausdruck gibt es drei Möglichkeiten.

Vor Frau Sugie

杉江さんは、いつ結婚されましたか。	Sugie-san wa itsu kekkon saremashita ka.	*Frau Sugie, wann haben Sie geheiratet?*
杉江さんは、いつ結婚なさいましたか。	Sugie-san wa itsu kekkon nasaimashita ka.	*Frau Sugie, wann haben Sie geheiratet?*

Vor einem Absolventen

いつ大学を御卒業になりましたか。	Itsu daigaku o gosotsugyō ni narimashita ka.	*Wann haben Sie die Uni absolviert?*

Manche **kango** können nur mit einem Verb des Respekts oder nur einem Verb der Bescheidenheit benutzt werden.

Vor einem Lehrer, bevor man weggeht

失礼いたします。	Shitsurei itashimasu.	*Entschuldigen Sie mich.*

13 Das Geben und das Bekommen

Geben und bekommen 授受表現 (じゅじゅひょうげん)

Wenn man im Japanischen über das Geben und das Bekommen spricht, achtet man darauf,

- ob der Sprecher etwas gibt,
- ob der Sprecher etwas bekommt,
- in welcher Beziehung der Sprecher zur anderen Person (dem Gebenden oder dem Nehmenden) steht (z.B. ob der Andere für den Sprecher eine fremde Person, eine höherstehende Person oder ein Familienmitglied ist).

ageru und kureru *geben*

Die Verben **ageru** und **kureru** bedeuten beide *geben*. Der Unterschied ist, dass bei **ageru** der Sprecher das Subjekt, d.h. der Gebende ist und bei **kureru** eine andere Person das Subjekt und der Sprecher der Empfangende ist.

Der Gedanke der Gruppenzugehörigkeit wird bei der Auswahl der Verben berücksichtigt. Personen, die der gleichen Gruppe wie der Sprecher angehören, werden wie der Sprecher betrachtet und entsprechend Zugehörige der Gruppe des Anderen wie der Gesprächspartner.

(▶ Kapitel 12)

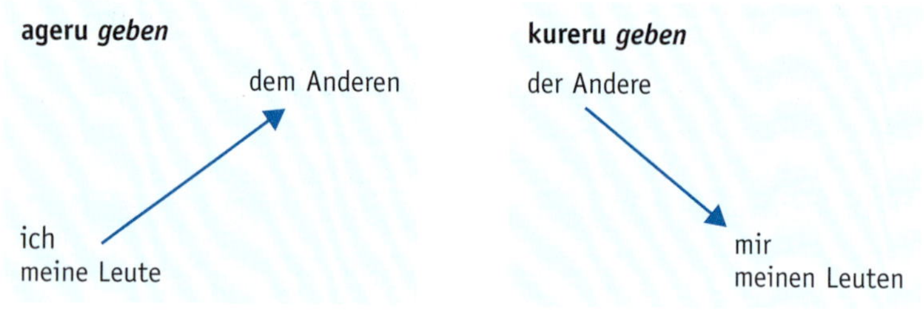

ageru: *(ich oder meine Leute) schenken, geben*

Ageru ist eigentlich ein Bescheidenheitswort von **yaru** und **ataeru**, d. h. die eigentliche Bedeutung ist *von unten nach oben reichen*. Deshalb kann man niemals **watashi ni ageru** oder **watashi no kazoku ni ageru** formulieren, da man im Japanischen nie sich selber als oben stehend formulieren wird. Es muss immer **kureru** heißen.

Eine höflichere Form von **ageru** ist das Verb **sashiageru.** In dem Fall ist die entgegennehmende Person höherrangiger als der Sprecher.

Gibt der Sprecher einer unterrangigen Person, einer Pflanze oder einem Tier etwas, benutzt er das Verb **yaru.** Dieses Wort klingt grob und seine Benutzung „zu" Menschen ist begrenzt auf Gespräche unter Männern und im privaten Gespräch.

... ni ... sashiageru *jemandem.... schenken, geben*

Die empfangende Person ist höherrangiger als der Sprecher.

私は社長にお水を差し上げる。	Watashi wa shachō ni omizu o sashiageru.	*Ich gebe dem Chef Wasser.*

... ni ... ageru *jemandem..... schenken, geben*

Die empfangende Person ist gleichrangig oder etwas höherrangiger.

私は友達にお水を上げる。	Watashi wa tomodachi ni omizu o ageru.	*Ich gebe einer Freundin Wasser.*

... ni ... yaru *jemandem/Tieren/Pflanzen... schenken, geben*

Die empfangende Person ist unterrangiger als der Sprecher.

私は猫に水をやる。	Watashi wa neko ni mizu o yaru.	*Ich gebe der Katze Wasser.*
私は、週に二回　花に水をやる。	Watashi wa shū ni nikai hana ni mizu o yaru.	*Ich gieße zweimal pro Woche meine Blume.*

kureru: *(mir oder meinen Leuten) schenken, geben*

Kureru bedeutet ursprünglich *von oben nach unten reichen*. Da man selbst immer unten steht, ist man selbst (oder ein Mitglied seiner Gruppe) bei **kureru** und **kudasaru** der Bekommende. Der Bekommende wird mit der Partikel **ni** angezeigt.

Kudasaru ist höflicher als kureru. Steht der Gebende höher als der Bekommende, benutzt man kudasaru.

Wenn der Gebende im Vergleich zum Bekommenden gleichrangig oder unterrangig ist, benutzt man kureru.

岩田さん*が私に本をくれました。	Iwata-san* ga watashi ni hon o kuremashita.	*Frau Iwata* hat mir ein Buch geschenkt.*

*Frau Iwata ist eine Freundin des Sprechers

浮田先生が私に本を下さいました。	Ukita-sensei ga watashi ni hon o kudasaimashita.	*Herr Lehrer Ukita hat mir ein Buch geschenkt.*

morau *bekommen*

Bei *bekommen* gibt es abhängig vom Rang des Gebers zwei Ausdrücke:

ni/kara morau *bekommen*
itadaku (vom Oberen) *bekommen (höflicher)*

私は友達に旅行のお土産をもらった。	Watashi wa tomodachi ni ryokō no omiyage o moratta.	*Ich habe von einer Freundin ein Souvenir von einer Reise bekommen.*
私は社長に会社の記念品を頂いた。	Watashi wa shachō kara kaisha no kinenhin o itadaita.	*Ich habe von meinem Chef ein Erinnerungsstück der Firma bekommen.*

Partikel kara oder ni

Für eine Organisation nimmt man **kara**. Für eine Person kann man auch **kara** benutzen, wenn man den Gebenden betonen will.

永井さんは、毎月大学から奨学金をもらっている。	Nagai-san wa maitsuki daigaku kara shōgakukin o moratte-iru.	*Frau Nagai bekommt jeden Monat von der Uni ein Stipendium.*
あなたは、大学に行くお金をお父さんにもらいますか。いいえ、兄からです。	Anata wa daigaku ni iku okane o otōsan ni moraimasu ka. Iie, ani kara desu.	*Bekommen Sie Geld für das Studium von Ihrem Vater? Nein, ich bekomme es von meinem älteren Bruder.*

Gespräch über Dritte

Wenn weder der Sprecher noch der Gesprächspartner der Gebende ist, d.h. wenn über andere Personen gesprochen wird, werden die Verben **ageru** für *geben*, *schenken* und **morau** für *bekommen benutzt.*

Die Bedeutung *von unten nach oben* bei **ageru** fällt hier weg.

田中さんは山田さんにドイツのワインを上げた。	Tanaka-san wa **Yamada-san ni** doitsu no wain o ageta.	*Herr Tanaka* ***hat Herrn Yamada*** *deutschen Wein geschenkt.*
山田さんは田中さんにドイツのワインをもらった。	**Yamada-san wa** Tanaka-san ni doitsu no wain o moratta.	***Herr Yamada*** *hat von Herrn Tanaka deutschen Wein bekommen.*

Beachte: Spricht man im Zusammenhang mit Schenken und Bekommen über andere Personen, gibt es Situationen, in denen höfliche Ausdrücke verwendet werden:

1. Wenn der Zuhörer die Personen, die im Gespräch vorkommen und zwischen denen das Schenken und Bekommen geschieht, kennt, z.B. in einer Firma, wenn der Zuhörer auch zur gleichen Firma gehört.
2. Wenn der Sprecher gegenüber dem Zuhörer ausdrücken möchte, dass er den anderen Personen Respekt und Achtung schenkt.

Geben und bekommen einer Tat 行為(こうい)の授受(じゅじゅ)

Wenn bei einer Tat der Aspekt betont werden soll, dass etwas für einen anderen geschieht, benutzt man die Verben **ageru**, **kureru** und **morau**. Die drei Verben sind hier Beistandsverben (▶Kapitel 8), die an die **te**-Form eines anderen Verbs gehängt werden

te-Form + ageru: (umgangsprachlich -tageru)

Mit dieser Ausdrucksweise möchte der Sprecher dem Gesprächspartner besonders deutlich sagen, dass er für ihn etwas Nettes macht. Diese Betonung soll beim Gesprächspartner ein Gefühl der Dankbarkeit hervorrufen. Die Varianten mit dem höflicheren **sashiageru** bzw. unhöflicheren **yaru** sind hier ebenfalls möglich.

Die Dankbarkeit kann normalerweise als eine Selbstverständlichkeit erwartet werden, aber mit diesem Ausdruck wird dies fast erzwungen. Deshalb wird diese Ausdrucksweise nur von höherstehenden Personen oder zwischen sehr nahestehenden Personen benutzt. Andernfalls ist es unhöflich, auch wenn es **sashiageru**, die höflichere Form von **ageru**, heißt.

Eine Mutter sagt zu ihrem Kind.

本を読んであげるから、好きなのを持ってきなさい。	Hon o yonde ageru kara, sukina no o motte kinasai.	*Ich werde dir ein Buch vorlesen, also bring eins von deinen Lieblingsbüchern.*

te-Form + kureru

Mit der **te**-Form + **kureru** (höflicher: + kudasaru) möchte der Sprecher sagen, dass eine Person ihm freiwillig einen Gefallen tut. Diese Person ist das Subjekt des Satzes.

引越しの時中広さんが手伝ってくれた。	Hikkoshi no toki, Nakahiro-san ga tetsudatte kureta.	*Beim Umzug hat Frau Nakahiro mir geholfen.*
辛い時彼女が励ましてくれた。	Tsurai toki, kanojo ga hagemashite kureta.	*Als ich Schwierigkeiten hatte, hat sie mich ermutigt.*

Durch das Verb **kureru** wird eine Bitte für sich selber oder die Personen an der Sprecherseite (für mich oder für meine Leute) ausgedrückt.

すみません。静かにしてくれませんか。先生の話が聞こえません。	Sumimasen. Shizuka ni shite kuremasen ka. Sensei no hanashi ga kikoemasen.	*Entschuldigung. Könnten Sie bitte ruhig sein? Ich höre die Geschichte des Lehrers nicht.*
何かおいしいものを作ってくれる。	Nani ka oishii mono o tsukutte kureru.	*Kannst Du etwas Leckeres für mich kochen?*

te-Form + morau

Mit Hilfe von **te**-Form + **morau** (höflicher: + itadaku) drückt der Sprecher aus, dass auf Grund seiner Bitte jemand ihm etwas Gutes tut.

母に頼んで日本から本を送ってもらう。	Haha ni tanonde nihon kara hon o okutte morau.	*Durch die Bitte an meine Mutter bekomme ich Bücher aus Japan geschickt.*
静かにしてもらえませんか。	Shizuka ni shite moraemasen ka.	*Können Sie bitte ruhig sein?*

Dankbarkeitsausdrücke: te-kureru, te-itadaku, te-morau

Die Bedeutung der Dankbarkeit für eine empfangene Tat kann durch drei verschiedene Formen zum Ausdruck gebracht werden.

Neutral:

Mit diesem Satz beschreibt man nur die Tatsache.

細谷先生が私たちに日本語を教えました。	Hosoya-sensei ga **watashitachi ni** nihongo o oshiemashita.	*Lehrer Hosoya hat* ***uns*** *Japanisch unterrichtet.*

Betont:

細谷先生が、私たちに日本語を教えてくださいました。	Hosoya-sensei ga **watashitachi ni** nihongo o oshiete kudasaimashita.	*Herr Lehrer Hosoya hat* ***uns*** *Japanisch unterrichtet.* (höflich und dankbar)
私たちは、細谷先生に日本語を教えていただきました。	**Watashitachi wa** Hosoya-sensei ni nihongo o oshiete itadakimashita.	***Wir*** *haben von Lehrer Hosoya Japanischunterricht erhalten.*
私たちは、細谷先生に日本語を教えてもらいました。	**Watashitachi wa** Hosoya-sensei ni nihongo o oshiete moraimashita.	***Wir*** *haben von Lehrer Hosoya Japanischunterricht erhalten.*

14 Flexionstabelle von Verben und Adjektiven 動詞(どうし)と形容詞(けいようし)の活用(かつよう)

	u-Verben					
	入(はい)る hairu *eintreten*	読(よ)む yomu *lesen*	聞(き)く kiku *hören*	話(はな)す hanasu *sprechen*	行(い)く iku *gehen*	なさる nasaru *tun* (höflich)
Stamm 語幹	hair-	yom-	kik-	hanas-	ik-	nasar-
nai-Form ナイ形	hairanai	yomanai	kikanai	hanasanai	ikanai	nasaranai
Passiv 受身形	hairareru	yomareru	kikareru	hanasa- reru	ikareru	–
Kausativ 使役形	hairaseru	yomaseru	kikaseru	hanasa- seru	ikaseru	–
masu-Form マス形	hairimasu	yomimasu	kikimasu	hana- shimasu	ikimasu	nasaima- su
Grund-F. 辞書形	hairu	yomu	kiku	hanasu	iku	nasaru
vor Nomen 連体形	hairu N	yomu N	kiku N	hanasu N	iku N	nasaru N
ba-Form バ形	haireba	yomeba	kikeba	hanaseba	ikeba	nasareba
Befehlsf. 命令形	haire	yome	kike	hanase	ike	nasai
Potential 可能形	haireru	yomeru	kikeru	hanaseru	ikeru	–
Willensf. 意向形	hairō	yomō	kikō	hanasō	ikō	nasarō
te-Form テ形	haitte	yonde	kiite	hanashite	itte	nasatte

F.: Form – : gibt es nicht /: oder

	ru-Verben		unregelmäßige Verben		i-Adjektiv	na-Adj.
	見(み)る miru *sehen*	食(た)べる taberu *essen*	来(く)る kuru *kommen*	する suru *tun*	赤(あか)い akai *rot*	元気(げんき)な genkina *gesund*
Stamm 語幹	mi-	tabe-	ku/ko/ki	su/shi	aka-	genki-
nai-Form ナイ形	minai	tabenai	konai	shinai	akakunai	genki dewanai
Passiv 受身形	mirareru	taberareru	korareru	sareru	–	–
Kausativ 使役形	misaseru	tabesaseru	kosaseru	saseru	–	–
masu-F. マス形	mimasu	tabemasu	kimasu	shima-su	akai desu	genki desu
Grundf. 辞書形	miru	taberu	kuru	suru	akai	genki da
vor Nomen 連体形	miru N	taberu N	kuru N	suru N	akai N	genkina N
ba-Form バ形	mireba	tabereba	kureba	sureba	akakereba	genki de areba
Befehlsf. 命令形	miro/ miyo	tabero/ tabeyo	koi	shiro/ seyo	–	–
Potential 可能形	mirareru/ mireru	taberareru/ tabereru	korareru/ koreru	dekiru	–	–
Willensf. 意向形	miyō	tabeyō	koyō	shiyō	–	–
te-Form テ形	mite	tabete	kite	shite	akakute	genkide

F.: Form – : gibt es nicht /: oder

Stichwortregister

Adjektiv 46–51
Adverb 51–52
ageru 120–124
Anrede 112–113
Aspekt 74
Aufforderung 96
Aussprache 11–12

Ba-Form 64
Befehlsform 64
Beistandsverb 75–76
Bekommen 122–124
Belästigendes Passiv 86–87
Bikago 115–116
Bitte 94–95
Brüche 25

Chokuon 8

da/desu 69–70
Dakuon 7, 8
Datum 21–22
Demonstrativ 39–41
Dezimalzahlen 25
Direkte Rede 83–84
dürfen 96

Einladung 96
Entvokalisierung 12
Erlaubnis 96
Existenzsatz 80

Farben 49
Flexionen der Adjektive 47–49
Flexionstabelle 125–126
Formalnomina 37, 84
Fragewörter 56–57

geben 120–124
Gewichte 25
Giongo und Gitaigo 54–55
Grundform 63
Grundrechenarten 24
Grundsätze 79–81
Grundzahlen 15–17

hazu 37
Himmelsrichtungen 45
Hiragana 6
Höflichkeitsausdruck 111–119
Hörensagen 101

i-Adjektiv 46–51
Imperativ 95
Indefinitpronomen 58
Indirekte Frage 58
Indirekte Rede 83–84
Interrogativ 56–57
Intransitives Verb 70–71

Jihatsu 87–89

kara 106
Kanji 7
Kanōdōshi 92
Katakana 6, 8–9
Kausativ 90–91
Kasuspartikel 29–31
Kenjōgo 115, 118–119
Komparativ 53–54
Konditional 101–104
Konjunktionen 105–110
Können 91–94
Kopula 69–70
koto 37, 38
Kun'yomi 10
kureru 120–124

Langvokale 13
Lesung von Kanji 10
Lautmalerei 54–55

Maße 25
masu-Form 63
Meinung 100
möchten 89–90
Mora 12
morau 122–124
müssen 98

Na-Adjektiv 46–51
nai-Form 62
nara 103
Nengō 22–23
Node 107
Nomen 29

Objekt 78–79
On'yomi 10
Optativ 94–95
Ordnungszahlen 18
Ortsangaben 44–45

Partikeln 14, 29
de 34, 45
e 35
ga 29,33
ha, wa 14, 32–33
ka 37, 56
kara 35
made 35
mo 34
ni 31, 35, 36, 45
no 30
o 14, 31
to 36, 37
wa 32
ya 37
yori 36
Passiv 85–87
Personalpronomen 42–43
Pflicht 98
Positionswörter 44
Possesivpronomen 43
Potentialis 91–94
Prädikat 78
Präposition 44
Präsumtiv 99

Radikal 10
Ranukikotoba 92
Redestil 111–112
Relativsatz 81–83
Ru-Verben 60–61

Satzteile 77–79
Schenken 120–124
Schreibweise 11
Schrift 6
Silbenlänge 12
Sonkeigo 115, 117–118
soto 112, 113–115
Steigerung 52–54
Subjekt 78
Substantivierung 38, 51
Superlativ 53–54

Ta-Form 68–69
Tageszeit 21
tame 37
tara 104
Te-Form + Verb 71, 75–76
Te-Form 65–68
Teineigo 115–116
temo 104
Tempus 72–73
Themapartikel wa 32–33
Transitives Verb 70–71

uchi 112, 113–115
Uhrzeit 19–20
Unregelmäßige Verben 61
U-Verben 60–61

Verben 60–76
Verben der Bescheidenheit 115, 118–119
Verben des Respekts 115, 117–118
Verbformen Tabelle 61–62
Verbindung der Adjektive 50
Verbkombinationen 75–76
Verbot 97–98
Verbstamm 60–61
Verbsuffixe 85–104
Vergangenheit 68
Vermutung 99
Verneinter Fragesatz 59
Verneinung 62
Verwandtschaftsbezeichnungen 113–115
Vorhaben 100

wake 37
wenn 101–104
Willensform 64–65

Yoon 7, 8

Zähleinheitswort 26–28
Zeitdauer und -relation 23–24
Zukunft 72, 99
Zusammengesetzte Verben 75